自然写作

The Backyard
Bird Chronicles

UNREAD

Amy Tan

后院观鸟

[美] 谭恩美 著
李倩 译

暗眼灯草鹀（刚会飞的幼鸟）

献给贝恩德·海因里希（Bernd Heinrich）、
约翰·缪尔·劳斯（John Muir Laws）和
菲奥娜·吉洛格利（Fiona Gillogly）。

此外，我更要将这本书献给我亲爱的编辑——
丹尼尔·哈尔彭（Daniel Halpern）。
出版这本书完全是你的主意，我的感激之情无以言表，
个中缘由唯有你明了。

安氏蜂鸟（雌性）

序 言

文/戴维·艾伦·西布利（David Allen Sibley）

我七岁那年，南加州一个阳光明媚的春日，十几只雄性黄头黑鹂顺着一根电线一字排开。一排明黄墨黑的身影，在蓝天的映衬下显得格外醒目。我常跟人说，这是我对鸟类最早的记忆，但准确说来，这应该是我最早的"观鸟"记忆，因为那时的我已经对鸟很着迷了。那群黄头黑鹂的盛景促使我哥开始了他的"观鸟生涯清单"（记录他看到的所有鸟种）。几周后，受他影响，我也有了自己的个人鸟种记录。我对鸟类的兴趣，自此变成了一种有目标的追寻，甚至不乏紧迫感。我从未放慢脚步。

和大多数孩子一样，我也喜欢画画，小小年纪就积攒了不少"铅笔里程"（这是我从本书中现学现卖的一个妙语），培养了些绘画的本事。因此，我迷上鸟类后，自然而然也开始画鸟。我认为绘画主要是在锻炼脑力。手持铅笔在纸上勾线，只是绘画的皮毛。只要坚持学习绘画技巧，渐渐就会熟能生巧。实际上，绘画是一种观察方式，是在将现实中的三维事物转换成二维平面上的线条。

譬如画鸟，实际上是看你对你的绘画对象有多了解，而非考验你的绘画能力。这种了解入木三分，难以言喻。比如，你那见多识广的观鸟导师可能会跟你说："没错，是黄头黑身……但你真的了解那只鸟长什么样吗？"绘画需要观察入微，然后将观察到的精髓合而为一。不知疲倦地观鸟就是在了解鸟类，画鸟则是在考查你对鸟类的这种了解。从某种意义上说，将鸟画在纸上，就好似重新认识了它们一遍。因为画鸟往往要反复调整线条和形状，不断擦除、增强曲线感、锐化或柔化边缘、努力把握细节，以求在画纸上重现这只鸟的特质。当你做到的那一刻，仿佛捕捉到了某种真实的内核。

我自幼痴迷鸟类，而且我父亲就是一个鸟类学家，这是何等幸运（当然也不完全是巧合）。他能为我提供大多数七岁小孩无法获得的指导、资源和机会，而我也展现出了小孩特有的学习能力，像海绵似的吸收着他给予我的一切。和我一起观鸟的大多是成人，等我长到十一二岁的时候，那些成人反倒开始向我讨教了——在一个孩子看来，这是莫大的鼓舞。

对我来说，鸟类可比中学里那些复杂又短暂的人际关系好懂多了。于是，我不停地观鸟。即使在那个年纪，我已清楚地知道，鸟类的一切行为都是有规律可循的。我新学到的每一个细节都可以嵌入我不断增长的知识网中，与其他现象联系起来，创造出新的行为规律，然后在此基础上继续拓展。不过，鸟类的行为规律多少有些混沌不明之处，这让我们在预测它们的行为之外，还能邂逅惊喜。美洲雕鸮有自己的生活习性和喜欢的栖息地，你可以据此推测最佳观察地点和时间，但即便如此，你也只是偶尔才能见到它们。你可能对比氏苇鹪鹩的习性已有多年了解，但仍会看到它们做出一些意料之外的行为，比如在水里洗澡。黄脸林莺会遵循一个大致的迁徙规律，每年春、秋两季会在差不多的时间飞越加州海岸山脉，但这段时期若真能在自家后院看到它们的身影，却是件意想不到的罕事，简直像份礼物。

就像日食和彗星一样，这些罕见的鸟类活动可能隔很长时间才出现一次。只不过鸟类的行为不是天文现象，不能靠公式推演。它们会出现在想出现的地方，去做当下值得去做的事。

现时观鸟比我小时候流行多了。2020年新冠疫情期间，更是人气飙升。许多因素共同促成了这一风气的发展。而我认为，近几十年来以观鸟为趣的人越来越多，一个主要原因是我们生来就需要与自然相连。

近几代人的日常生活和自然节律脱节得越发严重。有了恒温建筑和电灯后，我们能够不受天气、季节或日出日落的影响，始终维持相同的作息。冷藏和其他技术也使得我们几乎一年四季都能吃到想吃的食物。

然而就在两三百年前，我们的祖先还与自然紧密相系。他们也有片瓦遮头，住在城里或乡下，并非露宿荒野，但他们的生活仍然遵循自然节律。吃的是本地季节性食材，日常活动则围绕着每天的日升月落和每年的寒来暑往。对他们来说，靠外观和声音辨识鸟类是很有用的本事。各种鸟的来去就像一本万年历，代表着季节变换的重要节点。有些鸟是害鸟（吃庄稼），还有些鸟是益鸟（吃破坏庄稼的害虫）。在某种程度上，每个人都会观鸟，数万年来，人类一直如此。

分辨和记忆规律——一种现象或事实如何与另一种现象或事实相互关联——是一种基本的生存适应能力。我们的大脑已经进化得尤擅此道，但这种能力为所有动物共有。宠物金鱼就是凭借这种能力，才得以预判鱼粮何时会落入鱼缸的。鸟类也因此能够辨识出有些人很危险，但要是谭恩美走到院子里，就有新鲜食物可吃了。这种能力让千年以前的人类，将某些鸟鸣与播种的最佳时节联系在了一起。这种能力也让今时今日的观鸟者能够辨识鸟类，预测每种鸟可能现身于何时何地。

当然，规律其实无处不在。无论是一个地方的烹饪传统，还是我们上网会看到哪类广告，背后都有规律可循。但我认为，我们对自然规律有种特殊的亲近感。鸟类本身就蕴藏着无穷无尽的规律之美——颜色、外形、声音、动作、迁徙、筑巢周期，等等。更重要的是，了解鸟类可以为我们打开一扇通往整个自然界的大门。

要是你有个异地的朋友，自然就能对他那里发生的事多些了解。了解鸟类也是如此，你会连带着觉得影响它们生活的所有事物都变得更生动、更有意义了。我们开始留意雨、风、昆虫、青蛙。我们开始熟悉周围的各种植物群落，熟悉千变万化的树林、田野和滩涂，每种鸟都对这些地方有天生的偏好。我们开始想到恐龙（鸟类的祖先)、冰河时期、洋流、大陆漂移和进化。我们开始思考地理问题，毕竟，即使只是像谭恩美那样待在加州的一个后院里，也有可能看到每年都要在遥远的阿拉斯加和阿根廷生活一段时间的鸟。

表面上看，观鸟旨在寻找和辨识不同种类的鸟，深入了解鸟类及其相互之间的协作，还有与环境的共生，从中获得极大的乐趣。但我认为，观鸟不止于此。在我看来，我们喜欢观鸟（乃至喜欢园艺、钓鱼等其他户外爱好），最根本的原因是它把我们的注意力引向户外，让我们看到日出，感受寒雾或艳阳，目睹风暴来袭，忍受蚊虫叮咬，品尝野生黑莓，等等。观鸟让我们融入周围环境的节律，满足了我们内心深处的本能渴望。它让我们归属于更浩瀚的事物，感知自己在地球上的位置。

本书乍看起来是本自然日志，以写生和文字的形式，汇集了作者对鸟类的个人观察，别有奇趣又充满思辨性。写作形同绘画，最好的表达方式就是化繁为简，三言两语便勾勒出一个场景，传情达意。谭恩美无疑是这门艺术的大师。然而，书中的插图和文章描绘的又何止鸟类。这些观察和绘画传递出一种探索的快意，体现了自然界环环相扣的规律，凸显了观察者与观察对象之间深厚的个体联结。

栖息在谭恩美后院里的鸟儿，很像她小说中的角色。想来这本书完全可以成为一个新故事的底稿，将打破成见的隐夜鸫、滑稽的唧鹀、袖珍却无所畏惧的蜂鸟统统写成书中角色。它们的生命轨迹相交、相离、相互碰撞。有些鸟终其一生都待在相同的几亩地上，在那里繁衍生息，经历四季更迭、洪水、干旱和捕食者的侵扰。还有些鸟却飞越半个地球，靠艰难的迁徙避开食物匮乏的季节，它们讲述着成败兴废的故事，还有坚决而高贵的生存决心。这是一部跨越世代和大陆的宏大史诗，鸟类将这部史诗带到了你的后院。

识鸟只是观鸟的第一步。你那睿智的观鸟导师可能会说："没错，你说对了那只鸟的名字，但你还必须了解它。"一旦你掌握了这些角色的名字，开始欣赏它们各自的能力和弱点，你就会发现一场永不落幕的大戏在你面前拉开了帷幕。这本书真正讲述的是如何去了解鸟类，倾听它们的故事，并通过这种联结对世界产生新的认识。正如恩美在一篇日志中所写："多亏了鸟儿，居家期间我从未觉得憋闷。总有那么多事情见所未见，总有那么多东西有待发现……观鸟，让我感到自由。"

引 言

这本书记录了我对鸟的痴迷。说是"痴迷",绝非言过其实。《后院观鸟》是我从九本日志中摘录数百页内容而成的,这些日志里满是我的素描和手写笔记,记录了我一个外行对我家后院鸟的观察。将这些日志命名为《后院观鸟》是我的一点儿幽默,里面包含了后院鸟界的"重大新闻""最新发现""科学研究"。* 起初,我只是想随便看看鸟儿都在后院做些什么,进食、饮水、沐浴、歌唱等。换言之,当时我认为这些都很寻常。然而,随着日复一日、年复一年的观察,我对这些行为的看法发生了改变。多数时候,我都坐在餐桌旁,眺望后院,一面写我的新小说,一面尽量克制自己,不要一看到鸟儿做出我从未见过的行为,就情不自禁地跳起来。然而,它们确实常有意外之举。

这本书也记录了我的艺术成长史。打从三岁起,我就喜欢画画,

---

* 本书英文书名"The Backyard Bird Chronicles"直译为"后院鸟类大事记"。——编注。如无特别说明,本书脚注均为译者注。

到了七岁,我暗暗立志要做个艺术家——尽管父母早在我六岁时,就已经先我一步,决定了我以后要成为一名神经外科医生。由于种种原因,我放弃了绘画,但我对艺术的热爱未曾断绝。我会去参观博物馆,偶尔也画点漫画自娱自乐。其中有篇漫画描绘了两只雄性蟑螂的冒险故事,它们只生不养,子嗣百万众。这是我早年自然日志中的一篇佳作。

这本书也是我以"不可靠叙述者"的身份,替我家后院鸟发声的心境写照。"不可靠叙述者"是小说创作中的一个术语,形容第一人称叙述者可能信口雌黄、厚此薄彼,即便有好一点儿,也可能浅见薄识。而我,就是最后那种。刚开始写这本书时,我只认得后院里的三种鸟。但我从不缺乏强烈的好奇心,自童年起我就好奇心旺盛。我对自然的热爱也来源于此。自然是我躲避家庭纷扰的避难所。

八岁到十一岁,我住在郊区的一片住宅开发区里,半个街区外就有一条小溪。印象里,那里溪岸陡峭,水流细弱,仅能形成一些浅浅的水凼和一时一地的小水洼。在那条小溪里,我抓到过束带蛇,还擒着过蜥蜴,不过有时手里攥着的只剩它们摇摇晃晃的尾巴。我在蛋糕盘一般大的小水坑里,看到过成群的小生命,那些团块会变成蝌蚪,但有时水坑干了也会死去。我戳青蛙看它们跳,戳瓢虫看它们飞,戳球潮虫看它们团成球。我把一条毛茸茸的毛毛虫放进罐子里,好看它结茧,看它成蝶。我也看到过动物的枯骨残肢,有些还爬满蛆虫,但我没有移开眼,也没有哭。

离家再远一点儿有座牧场，遍地是湿软的牛粪，我会偷溜进去。那里的田地随季节更迭，会从空荡荡的休耕地变成孩子眼中的玉米秆森林。我曾钻进纸箱，从枯草丛生的山坡上滑下去，一路跌跌撞撞，突起的大石头撞得我遍体鳞伤。我无视"严禁擅闯"的警示牌，冒着入狱的风险，挤过栅栏上带刺的铁丝网，划破了小腿。我爬上一棵枯死的苹果树，却不慎滑落，一枚生锈的钉子深深扎进我的膝盖。我从没哭过，我的膝盖侧面至今仍留有一道1英寸*长的疤，这些年来，我总是不自觉地用手抚摸那个位置，好多裤子都磨掉了色。这道疤痕依然是我勇敢与反叛的徽章，是我童年的留念。年幼时，只身一人的探索是如此激动人心，让人顾不得半点安危。

在那条小溪里，我总是向下看，而非向上看。这也许就是为什么那时我从未注意过鸟儿，除了让人爱不起来的大乌鸦。它们看起来宛如希区柯克的电影《群鸟》(*The Birds*)中那些凶残的黑鸟。这部电影的拍摄地离我们那儿只有大约20英里†。我们这些孩子坚信自己看到的黑鸟无不是那部电影里的。我依稀记得有一只袭击了我。但很可能只是我的臆想。

那三年留给我的不仅仅是亲近生灵的回忆，还有探索各种趣事奇景的方式：我爬过灌木，拨开荆棘，或蹲或趴，滑下溪岸，涉水而行，身负划伤、撞伤和撕裂伤。如今在野外寻找鸟类时，我有时也会这么做，只是不会再胡乱擅闯。我会征得许可。探索那条小溪

---

* 1英寸约合2.54厘米。

† 1英里约合1.6千米。

给我带来的快乐，就和独自在房里读书画画一样。那种快乐不带一丝批判，也不期待未来能有什么实际用途。那是我的避难所，可以逃离母亲的极度疯狂。我有次离家出走，就待在那条小溪边，但母亲说午餐回去给我做金枪鱼三明治，我短暂的出走便宣告结束。童年的那三年不仅让我深深爱上了自然，更让我深深地需要自然。

  大学时期，我曾和丈夫卢深入约塞米蒂国家公园人迹罕至的地方背包旅行。我们的钱只够去那儿度假。我们跟着指路的石堆走，在湖边和河边扎营，看到了许多土狼、鹿、浣熊、金背松鼠，偶尔还有土拨鼠。此外还有不少熊，第一次背包旅行，我就遇上了六头熊，黄昏时分，它们走进了我们的营地。有一次，我捉到了一条5英尺[*]长的牛蛇，还把它带回了家。回想起来，真是不应该。我还遇到过狼蛛，任由它们爬上我的手臂，吓得同伴尖叫着跑开，我却笑得不行。我就是如此热爱自然。说来也怪，我徒步和背包旅行这么多年，印象里却只见过蓝鸦、乌鸦，以及盘旋在动物尸骸上方的红头美洲鹫。如今，凡有假期，我们几乎都会去加拉帕戈斯群岛、博茨瓦纳、拉贾安帕特群岛等地观赏野生动物，要不然就是去考察早已灭绝的生物，比如蒙大拿州高速铁路上挖掘出的恐龙遗骨。换言之，开始写自然日志之前，我就不是个深居都市的"城里蹲"，分不清杰弗里松和圣诞树，辨不出毒栎和用来做花环的冬青。我喜欢置身于大自然。但在2016年之前，我对自然的探索并不包含鸟类，现在想

---

[*] 1英尺约合0.3米。

来,简直不可思议。我没有画过它们,也没在后院观察过它们。

六十四岁时,我才第一次上绘画课,随后又参加了学记自然日志的实地考察活动。这两项活动的主理人都是约翰·缪尔·劳斯,杰克*是深受大众喜爱的著名自然学家、艺术家、作家、科学家、自然保护主义者和教育家。我之前就买过他的一些讲解鸟类、其他动物和植物的图书。上完第一堂课后,我又买了他的其他书,包括《劳斯的自然绘画与日志指南》(*The Laws Guide to Nature Drawing and Journaling*)和《鸟类绘画的第一堂课》(*The Laws Guide to Drawing Birds*)。严格说来,他的课并不局限于绘画。从某种意义上说,他讲的其实是如何保持好奇心,重拾童年的那份惊奇——那时万事万物在我们眼中新奇无比。这就是开始画画的重点。深深地好奇、观察、发问。我从杰克那儿学到了很多,但其中最重要的一课或许是:"观鸟时,试着去感受鸟的生命力。"据我理解,也就是"要成为那只鸟"。身为小说家,这对我来说很自然。为了感受故事的生命力,我总是把自己想象成我正在创造的那个角色。

通过杰克的课程和日常的练习,我将这种技能磨炼得更实用、更有针对性了,旨在更好地描绘野生鸟类的行为。这依旧是我学习的重点。不过我还有许多其他想学的东西,比如如何画背景,还有鸟类起飞和降落时的姿态。我开始创作《后院观鸟》时,仍处于学习阶段,因此前期的绘画基本都有欠准确。大部分草图绘制得很匆

---

* 杰克是约翰·缪尔·劳斯的昵称。

忙，要是我当时就知道这本日志会出版的话，一定会多花些时间好好画。但话又说回来，我也可能因为担心画错出糗而不敢落笔，乃至为了追求完美，雕琢一辈子。事实上，我为很多鸟绘制的羽毛结构，恐怕根本飞不起来。由于我没有根据纸张大小估算好鸟的尺寸，不少尾巴和翅膀都画出界，或者画到夹缝里去了。杰克在课上教过我们如何在画纸上有序地体现各种信息，比如构图的位置、我们的疑问、观察所得，以及当时的日期、时间和温度。但我仍毫无章法。我的画纸上有时只有个粗略的动物轮廓，有时又描绘得详尽一些。观察所得皆信笔写来，全挤在边边角角的位置。字迹也歪歪扭扭的，有些潦草得几乎认不出。还有错字、漏字、酒渍、咖啡渍。我现在才发现，我有相当多的画作都跟连环画似的。我给那些鸟画上了卡通大眼，还赋予它们表达心声、插科打诨的能力。

实地考察时，我们会在en plein air（一个花哨的艺术用语，意为"户外，通常是风景优美的地方"）写生，应用我们的所学。午餐时，我们纷纷把素描本摊在野餐桌上，分享各自的观察和绘画成果。坦白说，第一次看到大多数人的作品比我的更有趣、更精美时，我无地自容。因为当时我追求的是逼真，想再现一种生物。我已经不记得具体是什么生物了，只记得结果并不理想，也没有流露出好奇与惊喜。于是，我没有参与展示和讲述的环节。我们还会在杰克创建的脸书（Facebook）账号上发布我们的绘画日志，那个账号名为"自然日志俱乐部"（Nature Journal Club）。为此，我不得不抛开我的完美主义综合征，这个毛病长期困扰着我，尤其是我写作的时候。我发布了我的素描，不管我自己觉得画得有多糟。然而，为免太不自在，我还是给自己留了条后路——我用了化名。

第二次实地考察时，我遇到了一个刚满十三岁的小姑娘。她在母亲的陪同下来参加活动。我们置身于萨克拉门托以南20英里的科森尼斯河保护区内，站在一片宽阔的水域旁，眼前是各式各样的水鸟和涉禽。三千多只沙丘鹤从我们头顶飞过，去往附近格罗夫镇外的一片湿地。小姑娘的日志里密密麻麻地画满了水彩速写，还标了许多问号："为什么""怎么办""是什么"。她不断地向杰克和她的母亲提问，一张嘴就是"我想知道为什么"。和一个能问出无数个无解问题的孩子待在一起很考验人——坦白说，堪比噩梦。我走开了。第三次实地考察，我和大约二十五个人跟着杰克一起穿越一片满是蕨类植物的森林。那个问题不断的麻烦女孩走在我前面，每走三四十英尺，就要停下来观察引起她注意的东西。她把一片蕨叶翻过来，指着上面一排排金棕色的小点，对她母亲说："这是孢囊孢子，生殖用的。"我看了看，原来蕨叶背面的那些东西是成千上万的孢子。她发现了一株根茎状似人形的植物，寻索了10英尺，找到了这株植物扎根何处又延伸到了何处。她看到了远处的鸟："黄喉地莺、红尾鵟、红冠戴菊。"我却没瞧见，只怪自己老眼昏花。她竖起耳朵，靠近一棵树，仔细聆听："是隐夜鸫，我喜欢它们的歌声。"她对许多事物的好奇与热情，让我想起自己的那段童年时光——那时，我蹲下身去，触摸各种动植物，什么东西都要翻过来看看下面藏着什么，在好奇与探索中愉快地消磨好几个小时，从不腻烦。我或许不会没完没了地问问题，但以孩童之姿置身自然，我对万物都充满好奇。

之后的实地考察，我都暗暗跟着她。我像个考试作弊的学生，站在她附近，拿眼睛瞟她，看她在画什么、写什么。我向她询问我们看到的鸟类，她不仅会回答我，还会告诉我它们的一些奇特习性。这个一度令我厌烦的少女名叫菲奥娜·吉洛格利，她母亲叫贝丝。过去六年来，菲奥娜一直是我的自然日志导师。她的名字经常出现在这本书中。我们一起观察野生动物，提出疑问，也一起出去搜寻食丸（我们这一带的美洲雕鸮反刍出的无法消化的猎物残渣）。我们剖开这些食丸，查看里面的骨头、牙齿、脊椎和毛发，从这些线索看出美洲雕鸮享用了何种美味。无论发现了什么动物的尸骸，菲奥娜和我都会仔细检查，搜寻线索，探究它们的死因，然后记录在我们的"法医日志"中。我们相互分享自己看到或发现的东西，提出的问题日增月盛。她展现出了杰克说的"有意识的好奇"，引导我们俩深入观察，产生由衷的惊叹。问题会引发更多问题，就像引领你走进森林深处的生殖孢子。

开始学习后，我每天都会练习画画，积攒杰克说的"铅笔里程"，哪怕有时只是勾勒几个头部的形状，或是画几截长短不一的鸟脖子。我特意买了便宜的素描本，这样就可以随便画，随便犯错，一页纸擦了画、画了擦，也不会觉得糟蹋了好纸。可惜，我素描本里的廉价纸和水彩很不对付。一下笔就会起皱，或者干脆破掉，水彩也浑成一坨。这就是为什么我几乎没画水彩。但这些素描本很适合铅笔画，铅笔也成了我最满意的画画工具。柔软的石墨以一种奇妙的触感滑过纸面，还会留下脏兮兮的指印，证明我已然沉浸在对自然的思索中。不过，我最凌乱、最难以辨认的画作都并未收进书里。

一开始，杰克就建议我们精简画画用品，以免囤积太多永远都用不上的东西。我多少还是该听听他的。我先买了两种黑度的自动铅笔——0.54mm B 和 0.72mm B，它们画出的线条颜色都比较深。后来又添置了 0.3mm HB 和 0.9mm HB 的铅笔。接着，我买了水彩颜料、水粉颜料、不渗墨的墨水笔、专用的橡皮擦、纸擦笔、卷笔刀、压痕笔、各种铅笔盒、收纳袋、一个斜挎包、观鸟镜、便携式写生凳，还花了300美元首次买了一副像样的双筒望远镜。但后来我发现，正儿八经的观鸟者买的都是价值数千美元的望远镜，我这个还是太低端了。不过我是在后院观鸟，也够用了。我还试了试彩色铅笔。它们在廉价纸上也表现不错。于是，我又添置了15支得韵*的蜡质彩铅，颜色都是自然色调，然后是24支三福霹雳马、36支高级细芯的三福霹雳马、48支辉柏嘉、76支凯兰帝，还有一盒昂贵的粉彩饼，不过最终我觉得粉彩饼用起来太麻烦了。我买了质地更好的素描本，但对我画的画来说，也没有更好用。我还买了两个古董日式斗柜（价格出奇地低），用来收纳我的美术用品，我工作室的置物格、抽屉和架子都快被美术用品塞满了。我的丈夫和挚友都知道，我一旦

---

* 以下所提均为知名彩铅品牌。

迷上什么就会这样。(二十三年前,我对狗的热爱,最终促使我与人合养了一只赛级犬,它后来在威斯敏斯特全犬种大赛上赢得了本犬种的冠军,成了全美排名第一的约克夏梗。)我知道我永远都用不完那些美术用品。但我还是兴高采烈地统统买下来。小时候,我的美术用品就是几支铅笔、一根炭笔和几张纸。

我很快就开始尝试用我的新装备绘制精细的铅笔素描,继而是彩铅素描。我画的并不是笼统的鸟种,而是单独的个体。每当我注视着它们,它们也会注视着我,认可并接纳我走进它们的世界。画鸟有别于记自然日志。首先,每幅画都要画四到八小时。但画鸟有画鸟的意义。我用成千上万笔绘制出一身鸟羽,每一笔都是我的一种冥想。我思忖着我画的每只鸟的生命力,思忖着它们的智慧与脆弱。我画过一只暗眼灯草鹀的幼鸟,它刚学会飞,坐在鸟浴盆里,整整二十分钟一直在呼唤它的父母。它还没有学会畏惧和警惕捕食者。绘制它脸颊上层层叠叠的小羽毛时,我仿佛化身成了那只正望着我的小鸟。如果我能坚信自己就是那只鸟,就更有可能在视觉和感觉上将它画得栩栩如生,让它真实地存在于那一刻,存在于我——这个人类——走出去教它该如何生存之前。我把它赶走了。想象自己就是那只鸟,让我感受到了与它的联结,深刻体会到了每只鸟是怎样生活的:每天都性命攸关。

我不会开车,所以都是卢载我去上杰克的自然日志课,参与实地考察。实地考察和上课,每月都只有一次。要是会开车,我一定会去公园、自然保护区,还有eBird*上列出的"热门观鸟点"。过了一整年,我才意识到我其实可以在一个近在咫尺的地方记我的自然日志:自家后院。

事实证明,我家后院是许多鸟儿的天堂。我们的房子建在四棵树冠交错的太平洋常绿橡树之间。每一棵都有八九十年树龄,其中两棵老一点儿的,有些树枝要用固定架架起来才行。附近一些橡树的枝条也伸进了我们的院子,周边四方上下都有橡树环绕。从树根到树冠,橡树几乎是向所有鸟类敞开的社区中心,那些鸟要么常年定居于此,要么在冬季迁徙时借宿一阵。芦笋蕨矗立在树荫下,蔓长春花攀缠在树干上。对于那些喜欢与众不同的挑剔鸟儿,我们还有桦树、山茱萸、日本红枫和一棵饱含花蜜的倒挂金钟,后者虽是灌木却粗壮如树。百香果、茉莉、常春藤和仙女座铁线莲的藤蔓,在栅栏和花架之间交织回环。四棵迈耶柠檬树,还有薰衣草、鼠尾草和迷迭香的灌木丛都在花园向阳处散发着芬芳,紧邻馥郁的玫瑰、牡丹、小苍兰和水仙。花园背阴处,蕨类植物和珠芽百合长势喜人,尤其是百合。一年四季,这些植物为鸟类结出累累种子、浆果和其他水果,还能给蜂鸟和偶尔到访的莺供应花蜜。大约十二年前,为了节水,我们铲除了花园里的草坪,按照阴阳图的模样,种了一苗床多肉。我们的屋顶花园旨在为蜜蜂、蝴蝶和鸟类提供一些食物和一个友好的栖息地。七种开花的多肉植物会在不同时节开出白色、

---

* 由康奈尔大学鸟类学实验室发起的全球鸟类观测数据库,可以实时获取各种鸟类数据,也可以上传分享自己的观测记录。

黄色或粉色的花。我喜欢想象鸟儿把我们五彩斑斓的屋顶当作它们秋季迁徙路径上的一处路标。多亏了鸟儿，一些外来植物总在屋顶上生根发芽，比如酢浆草、南茴蓿、玛格丽特菊和小球花酒神菊，它们的种子靠风和鸟粪传播。丛鸦和松鼠留下的橡子也会在屋顶上发芽，必须定期挖掉。如果要把这栋房子卖给一只鸟，我会着重向它介绍，绿屋顶上的水流会顺着铃铛串成的雨链流下来，一路叮当作响，小鸟可以带着它不断壮大的家庭，停在雨链上，一边饮水，一边欣赏旧金山湾的美景。

我家的风格与后院相得益彰，建造时就意在营造一种开放式凉亭的感觉。曾有人说，我家就像树梢上的鸟巢。飞进屋的鸟儿肯定也是这么想的。两面墙装的都是折叠式玻璃门，可以一推到底，使前侧的阳台和后侧的庭院完全贯通。院子旁的玻璃门从上到下都画上了白色的蜘蛛网，以免有鸟撞上。站上阳台，我刚好能平视栖息在橡树树冠下的鸟——冠山雀*、山雀、莺、䴓。我还能远眺在海湾上空翱翔的鸟，随季节变换，可能是鹈鹕、海鸥或鸬鹚。离得太远，辨不出到底是什么鸟。就算能认出来，我也不会把它们写入这本书。索萨利托海岸数不清的滨鸟和水鸟，永远属于"不在我家后院"的那类鸟。《后院观鸟》有自己的专业操守，必须名副其实。

鸟友都说我家院子"鸟客盈门"，但也并非时时如此。我还是得引诱鸟儿来我打造的林间栖地考察考察，然后让它们无法抗拒，再

---

* 冠山雀（titmouse）也是山雀（chickadee）的一种，英语中用不同的单词区别头顶是否有冠。下文用"冠山雀"指头顶有冠的山雀，"山雀"指其他无冠的山雀。——编注

也不愿离开。我先买了一个喂食器支架，挂上种子喂食器和花蜜喂食器。这招引来了几只新鸟，还有松鼠、乌鸦和丛鸦。随后我买了可以防松鼠的种子喂食器，结果发现松鼠非常聪明。我又买了环绕式防护罩，以及一些大受好评的防松鼠喂食器，却把松鼠锻炼得更矫健了。我快被逼疯了，干脆自己动手做了一个笼式的防松鼠喂食器，还能顺带挡住乌鸦和丛鸦。食物也换成了松鼠讨厌的辣味油脂和种子。我在冰箱里囤了数千条活面包虫，我丈夫对此毫无怨言。但这才哪儿到哪儿啊。为了找到最合适的喂食器和食物，我简直走火入魔。不过，我最终发现最便宜的诱饵其实最管用：备上浅浅的清水碟，供鸟儿沐浴饮水。多亏了这些布置，晨起在浴室窗前刷牙时，我第一眼就能看到鸟。黄昏时分，坐在面向后院的桌子旁，我又能看到蜂鸟在啜饮一天中的最后一口蜜。夜幕降临，我还能听见美洲雕鸮动身去夜间狩猎前发出的啼鸣。

2016年，我还仅能认出后院里的三种鸟，如今已能认出六十三种，毋庸置疑，未来还能认出更多。少数鸟只来过一次。有些会在这里越冬，然后再返回阿拉斯加或加拿大。还有许多鸟如今已全年定居于此。现在是12月，过去两天，我这里的常客有：六只纯色冠山雀、一对加州啁鸦、一只斑啁鸦、一只红冠戴菊、一只隐夜鸫、两只狐色雀鹀、一大群小鸭[*]和栗背山雀、一只比氏苇鹪鹩、几只哀鸽、大批家朱雀和暗背金翅雀、一只紫朱雀、许多暗眼灯草鹀、三

---

[*] 即侏儒鸦，北美最小的鸦鸟。——编注

只黄眉林莺、一只橙冠虫森莺、一只加州啄木鸟、几十只金冠带鹀、一只白喉带鹀、一只旅鸫、四只西丛鸦，还有一拨短嘴鸦，老是冲着长住居民美洲雕鸮叫。这下你知道我的后院里有多少鸟客了吧。我知道树的高枝上其实还有不少鸟，它们从不造访喂食器。等我学会了它们的鸣叫，就能知道是何方鸟客了。这是下一个目标。

记这本日志和写小说很不一样。写小说是种折磨，需要搭建结构，雕琢语言，不断地塑造、打磨、删减，还要累积那些赋予作品深度和广度的体悟。我必须在越来越复杂的谋篇布局中推动成千上万的片段往前走，让一个尚如海市蜃楼般缥缈的故事渐渐变得明晰。我力求将每个片段打磨得尽善尽美，而这些片段串起来的故事又要行云流水、浑然天成，衔接得没有一丝斧凿之痕。

相比之下，创作《后院观鸟》纯粹是种乐趣，信笔而成，有些杂乱，都无所谓。信笔之作不需要完美主义，也不存在任何期望。我可以率性而为，不必自我批判。我既可以尊重科学，也可以写下许多大胆的猜测和俏皮的拟人。与写小说不同，我不需要把故事串联起来。所有故事都是当下的一刹那，一天，一页，一幅素描。

不过，我也认为我观鸟的动机与写小说的动机是一样的。我天生喜欢观察，想知道事情发生的原因。我需要感受强烈的情感冲击。我的目光总是追寻着细节、规律和异常，因为它们背后存在有趣的真相。我很执着，可以花好几个月细细钻研一些或许永远用不上的东西，但在我看来，这些时间绝非虚掷。就观鸟而言，为满足所有鸟的需求，我从未停止研究什么样的喂食器更好、什么样的食物更营养。毕竟，总有什么东西更能讨得鸟儿的欢心。

无论是写小说还是观鸟，都让我思考存在，思考生命的过程，孕育、出生、生存、死亡，直至为人缅怀。我思索死亡，思索死亡的诡异与注定。我日日如此，但并不恐惧，而是去关注生命中无数转瞬即逝的瞬间。这些瞬间可以用文字和图像保存下来，留待日后细细思量，再现鸟儿和我当时的心境。每完成一部小说，我都觉得是个奇迹，因为我以前有三四部作品都流产了。每看到一只成鸟，我也觉得自己见证了一个奇迹，因为75%的幼鸟活不过一年。在寻找恰当的意象与词汇表达某种情感时，我必须打破陈词滥调和说教，它们缺乏不同的思考和坦诚的观省。而看到一只鸟死去时，我也无法接受那种轻率的说法："这是生命的轮回。"倒不如真心地哀悼，祈盼生命可以不必如此。

我对后院鸟的感激和喜爱与日俱增，连带着对这些日志也越发珍视。这些素描与文字记录了我的生活，里面有令我困惑、令我激动、令我欢笑也令我悲伤的东西。它们就像我小时候探索自然弄伤膝盖留下的疤，承载着我的叛逆与勇敢、我的好奇与求索、我的痛苦与不肯哭泣。我天真又好奇地想了解首次见到的每一只鸟，这里的图文记载的正是这些改变我的时刻。

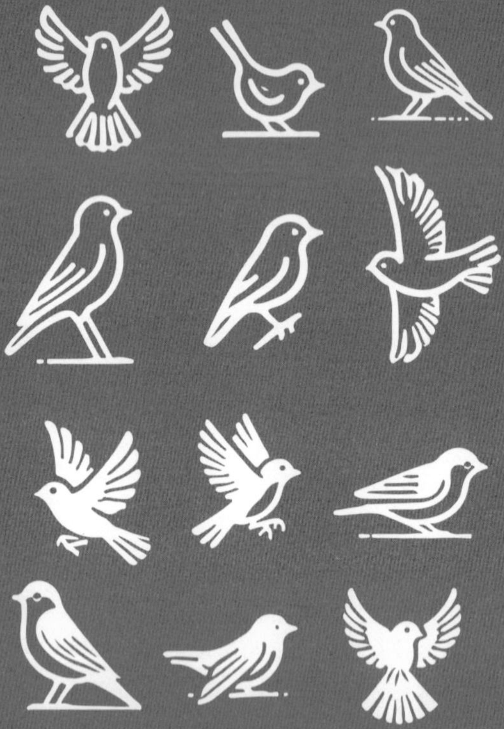

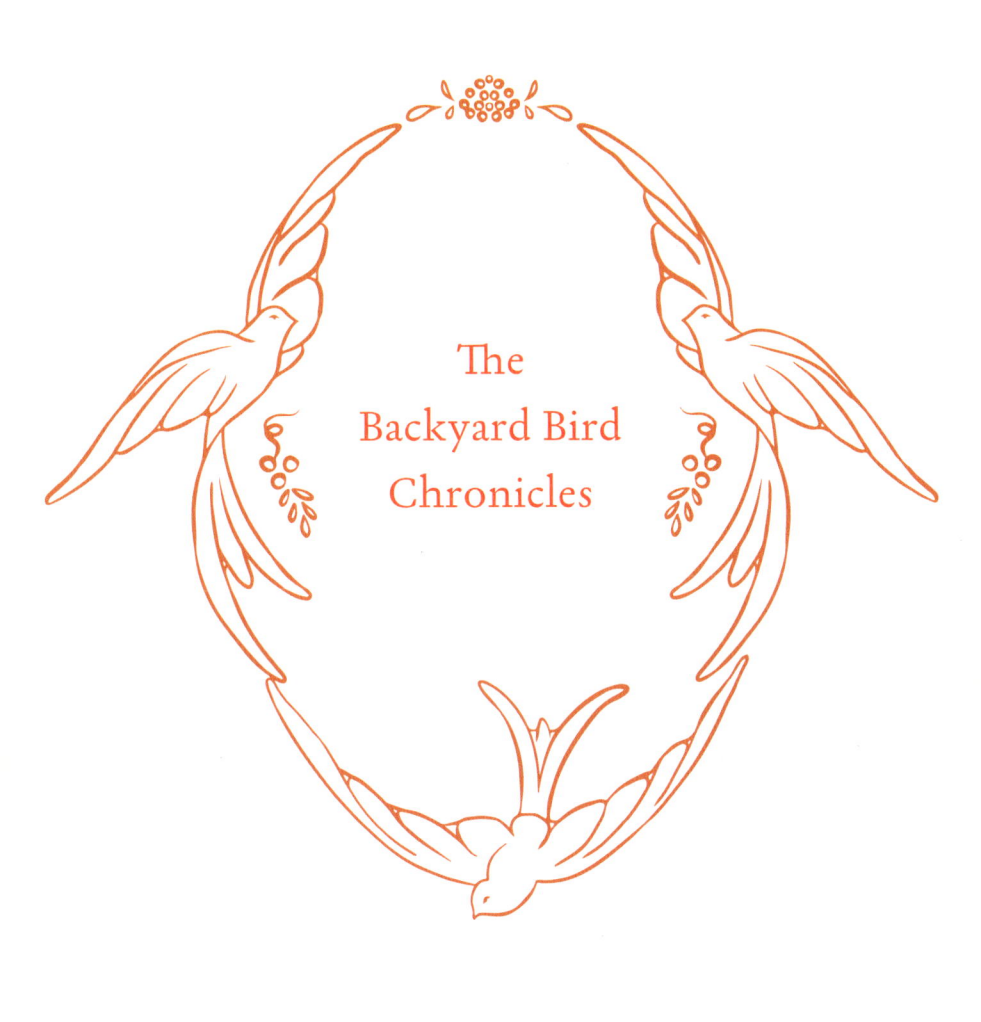

The Backyard Bird Chronicles

后 院 观 鸟

2017 年 9 月 16 日

　　看着蜂鸟在四周嗡嗡飞舞,我不禁想起了每个小孩都有过的一个梦想:赢得野生动物的信任,让它们心甘情愿地亲近我。我幻想着这些小鸟直升机在我掌心里进食的模样。为了引诱它们,我买了些手持的迷你蜂鸟喂食器,四个才 10 美元。希望如此便宜,但我并没有飘飘然。我没准儿要花好几个月才能让蜂鸟对喂食器产生兴趣,不再害怕我。

　　昨天,我把一个迷你蜂鸟喂食器放在后院的栏杆上,紧邻普通的蜂鸟喂食器,然后坐在大约 10 英尺开外的桌子旁。没过几分钟,就有一只蜂鸟飞来看了看,它头上泛着红光,是只雄鸟。它悬停在空中,草草看了一眼就飞走了。起码它注意到了喂食器,这是个不错的开始。然后,它又回来了,换个角度再次侦察,又飞走了。第三次,它绕着喂食器跳了一小段舞,就把喙伸进洞里,啜饮起来。我大为震惊。这也太快了。别的蜂鸟也跟着来了,它们像往常一样争夺领地,相互驱逐,唯有胜者才会凯旋。一整天下来,我注意到,相较大一点儿的喂食器，蜂鸟似乎更喜欢这个迷你的。这是为什么呢？难道因为它是新的，它们要轮流占有它吗？

今天下午一点半，我再次坐在后院的桌子旁。四周很安静，我开始呼唤鸣禽。每天，我都会吹口哨模拟鸟叫，再添上少许食物，吸引它们前来。大约两分钟后，我就听到了冠山雀和山雀尖细的啁啾。它们听起来很兴奋，似乎是因为发现了花生。接着，我听到了蜂鸟那电流般的声音，是只雄鸟。我把原本搁在桌上的迷你喂食器拿起来放在掌心，然后伸出手去。不出十秒，这只蜂鸟就飞了过来，落在我手上，立马开始进食。我屏住呼吸，尽量一动不动地拿着喂食器。它的一双小脚让我觉得痒痒的。进食时，它一直在打量着我。我们望着彼此，四目相对。

我想起杰克的话："感受鸟，成为鸟。"蜂鸟在我眼中看到了什么？鸟儿就是这样评估对方是否值得信赖的吗？它进食的时候，我仔细观察了它头上细小的羽毛、喉部或粉或橙或红的色泽、快速扇动的翅膀和那双精致的小脚。我试着把这些默记下来，以便之后能画出这只蜂鸟：它头上覆盖的小羽毛，顺着喙到后脑勺的方向逐渐变大。它的腿很短，脚趾跟牙线一样细。不知它在我身上又注意到了些什么呢？

一分钟后，它飞上了橡树。它在我的手持喂食器上停留了四十五秒。也可能是我太兴奋，高估了那一刻的实际时长。那是改变我生活的一刻。我进入了野生动物的世界。我自己的后院就是这样一个入口，足以让我化身成鸟。一小时后，我坐在后院的桌子前

A Bird in the Hand

I had removed all the hummingbird feeds to clean and refill. While letting the nectar cool, I heard impatient hummers making crackling sounds. I came out with this hand feeder. Within minutes, a hummer came and did two test fly-bys, before dipping his bill into the nectar feeder, still beating his wings. It felt like a fan blowing on my palm. Then it landed and I felt its scratchy tiny feet. Two seconds later, the hummer and I were divebombed by another male, and my bird in the hand was gone in half a second. It was enough. I am in LOVE.

SEPT 16, 2017
1:30 P.M.
SUNNY BUT WINDY

吃午饭，忽听头顶传来熟悉的鼓翅声。我确信就是刚才那只蜂鸟，因为我一举起喂食器，它立马就飞了下来，开始进食。一分钟后，它飞到我面前，只隔着几英寸，与我对视。我能感觉到它扇起的微风。它似乎一点儿也不害怕，反倒是我有点儿担心它那把小剑会刺伤我的眼睛。它是在好奇吗？还是在挑衅，警告我这喂食器是它的？无论什么意思，重要的是它又回来了，它认得我了，我们之间有联系了。我"恋爱"了。

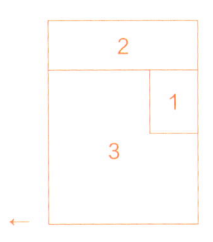

1. 2017年9月16日 下午一点半 晴朗多风

2. 掌心里的鸟

3. 我把所有蜂鸟喂食器都取下来洗了一遍，重新灌蜜。在等花蜜冷却时，我听到那些不耐烦的蜂鸟发出噼里啪啦的动静。我便拿着这个手持喂食器走了出去。没几分钟，就来了一只蜂鸟，它试探着来回飞了两遍，然后一边把喙伸进花蜜喂食器，一边不停振翅，好似个小风扇，对着我的掌心。接着，它落在了我的掌心里，一双小脚弄得我痒痒的。两秒后，这只蜂鸟和我遭到了另一只雄性蜂鸟的俯冲攻击，我手里的蜂鸟立刻就飞走了。
但这已经够了。我"恋爱"了。

2017年12月17日

　　我晨起的第一件事，就是拉开浴室的窗帘，眺望海湾和港口的水色。水面每天都不一样，有时平静澄澈，有时波光粼粼，有时灰暗汹涌。无论喂食器上停着什么鸟，只要我走到窗前，通常都会一哄而散。但昨天，有只鸟没有飞走，是只毛茸茸的松金翅雀。它依旧顾自进食。我心想，这只鸟可能生性大胆，也可能刚刚远道而来，饥肠辘辘。

　　我走到门廊上。天很冷。那只松金翅雀仍停在种子喂食器的底盘上，吃得津津有味，离我站的地方不过2英尺远。它浑身的羽毛相当蓬松，我以为是只幼鸟。我可以看到它大片的翅上覆羽下露出了一些柔软的绒羽。这只松金翅雀时而会闭上眼睛，停止进食。我猜它累极了，这恐怕是它离巢以来的第一餐吧？但随后我意识到现在是12月，不是春天。这个季节有幼鸟吗？而且，松金翅雀是候鸟，不会常年留居一地。它们压根儿不在这里繁殖。我看到它的鸟喙边糊着一圈食物，是它一直在吃的葵花子。难道它生病了？仿佛是为了回答我，它突然朝我飞来，落在我手上。它看起来有些恍惚。情况不妙。它跳到水盆边，想喝水。水从它糊着食物的喙里淌了出来。它更加急切地猛喝了几口，然后飞回喂食器上。我注意到了更多细节。它的屁股脏兮兮的，拉出了水样的稀便。随后，它半合着眼，一动不动地坐在那里。

我联系了美国鱼类及野生动植物管理局，得知美国近期暴发沙门菌感染，此次疫情与松金翅雀大量入境有关——也就是说，松金翅雀正在大规模迁徙，数量远超以往。松金翅雀喜欢群居，只要一只生了病就很容易传染族群，还有和它共用过喂食器或水盆的鸟。从我读到的资料来看，若一只鸟变得膨胀浮肿、行为怪异——比如飞向人类，当天可能就会死亡。我决定抓住这只鸟，把它隔离起来，放在温暖的盒子里，送去野生动物康复中心。如果救不活，就人道地施以安乐死。然而，虽然这只松金翅雀行动迟缓，我还是没能抓住它。

今天，我没看到那只病鸟，它可能已经死了。我取下了院里的喂食器，把最近买的鸟食都送了人，几袋葵花子和蓟种子，还有几大块油脂。我不知道以后还会不会再用这些喂食器了。

还没发觉它生病时，我拍了一张照片，我比照着那张照片，想把这只生病的松金翅雀画下来。但我画得毫无生气，死板得很。我好像一下子忘光了我学到的所有画鸟技巧，感受不到丝毫乐趣。那张照片里，濒死的迹象历历可见。现在，我对这种病的了解远胜当时。它羽毛蓬松是妄图保暖，因为身体已经无法调节自己的体温了；

Amy Tan

它糊了一嘴食物，是因为已经无法吞咽。它半合的眼睛印证了生命的消逝。

为了画好这只松金翅雀，我必须努力调整自己，看到它不再心疼。我必须重新感受到这只鸟还活着。

1

1.患病的松金翅雀

2018年3月29日

　　由于院子里到访过一只染疫病故的松金翅雀，我把喂食器都收了起来，一晃已经快四个月了。我很幸运只看到了一只病鸟。据其他爱鸟人士反映，他们每天都看到许多死去的松金翅雀。这场疫情似乎终于宣告结束，许多鸟类保护组织都说，现在可以放心地重新挂上喂食器了。我买了葵花子，重新填满喂食器。没有鸟来。一连好几天皆是如此，然后，松金翅雀来了。由于之前伤过心，我多么希望来的是灯草鹀、冠山雀、山雀，或者其他什么鸟都好。面对这份幸福，我有些犹豫，不敢轻易接受。

　　这些松金翅雀吃起东西来很邋遢。我发现所有燕雀都有这毛病。种子吃一粒掉四粒，甩得满地都是。我不知道它们为什么这么浪费，但这样乱扔，却趁了灯草鹀的意。食物就这样轻易地从天而降。老鼠也加入了清扫行列，不过它们又会留下老鼠屎。

　　这些松金翅雀在喂食器上停留了很久，很适合户外写生。我的户外写生就是赤脚站在浴室面向门廊的窗前，一边观察鸟儿，一边画素描。头几次我都相当紧张。鸟儿停在栖杆上时，会频频转动头部，观察周围环境。我还需要大量练习，才能透彻地了解松金翅雀，更不用说我想看到的其他鸟了。这样我才能迅速画出头、喙、身体等基本部位，还有它们各式各样的姿态。鸟眼的朝向很关键，能透露出它们行为背后的意图。不过，它们头部的形状会随视角变化而变化，我现在一时很难确定眼睛的位置。看看这只——眼睛的顶点比喙还要高……现在它侧过去了，看着齐平了。它又正面直视我了，像车灯前的小鹿一样。我一边画着吃葵花仁的松金翅雀，一边自言自语。约翰·缪尔·劳斯在自然日志课上曾建议我们这样做，加深对细节的把握和记忆。

我勾勒了几个头位，为了让鸟看起来——或者说，感觉起来像那么回事，眼睛我重画了五六次。最终作罢，只是因为再改下去，这廉价纸就要擦破了，那这只鸟可就真的眼神"空洞"了。这只鸟的比例和我想象中的幼鸟一模一样——身体矮胖圆润，脑袋相对较大。长长的初级飞羽上那标志性的黄色条纹还相当模糊。接着我又想起来了，和病亡的那只一样，这些松金翅雀自北方迁徙而来，它们不在越冬地繁衍，要待到夏季才回乡筑巢。画着画着，我注意到了更多细节。相较喂食器上的其他鸟，这只鸟的初级飞羽和尾巴似乎都很短。这么短的翅膀，怎么能飞这么远的距离呢？还是说，是我的观察角度造成了视错觉？

为什么那只松金翅雀一直盯着我呢？噢，是因为我先盯着它吗？我们就这样相互盯着，我画它的脑袋，它吃它的种子，吃得邋

Pine Siskin — caught with its mouth full

- sunflower chips
- messy eater
- juncos eat bits on ground
- toe grasp from below
- auriculars more apparent
- ? juvenile — yellow bar on primaries faint. Very round and short

3.29.18

里邂逅。它没有飞走，一直停在那儿。很好。"欢迎回来。很高兴你们回来了。"

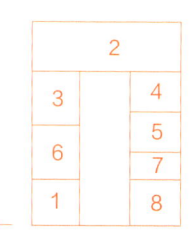

1. 2018年3月29日

2. 松金翅雀——吃得满嘴食的样子

3. 葵花仁

4. 吃相邂逅

5. 灯草鹀会吃掉在地上的碎渣

6. 脚趾从下面抓握

7. 耳羽更明显

8. 幼鸟（？）
 初级飞羽上的黄条纹较淡，相当圆润矮胖

Pine Siskin

松金翅雀

2018年6月20日

"啾啾"的警报声响个不停!四只刚孵化出来的珠颈斑鸠无依无靠地在我们车库旁徘徊。隔壁的玛西娅和几个孩子率先发现了它们。我们一靠近,它们就安静了下来,不动了。其中一只还把头埋进了石墙的角落。如果任它们流落在外,猫、鹰、乌鸦、蓝鸦、汽车都可能要了这些雏鸟的命。

我们猜想亲鸟一定就在附近。周围几户人家的灌木丛和竹篱笆里都住着珠颈斑鸠,我家也不例外。我偶尔会在院子里看到一小群,几只蓝色雄鸟和八只左右的棕色雌鸟,不知是亲子关系还是夫妻关系。我们把雏鸟放在灌木丛下面,站在一旁观察情况。只见成年斑鸠立刻从10英尺开外的灌木丛里冲了出来,发出急促的惊叫。"喔喔喔—喔喔喔—喔喔!喔喔喔—喔喔喔喔—喔喔喔!绑架犯拐走了我们的孩子!"很快,四颗绒球飞奔而来,与它们的父母和十几个兄弟姐妹会合。一家子结成一队,行步如风,仿佛脚下踩着看不见的旱冰鞋。

不知这些雏鸟有多少能存活下来。有别于其他鸟类，珠颈斑鸠一生下来就能用那双硕大的脚行走，也会啄地觅食。但它们依然完全无力自保。它们还不会飞。就算是成年斑鸠也很脆弱，因为它们的飞行速度比较慢，根本不是鹰的对手。它们最好的防御手段就是伪装：藏身灌木丛，伪装成没有生命的东西。雏鸟可能天生就具备这种僵在原地不动的本能，好比刚才走失的那四只。

斑鸠的叫声总透着十万火急的意味。我往浴室窗台和石板地上撒小米时，就会模仿它们的警报声："喔喔喔—喔喔喔—喔喔！喔喔喔—喔喔喔喔—喔喔喔！"意思是它们最好赶紧过来吃掉这些小米，否则丛鸦就要捷足先登了。但我无法告诉它们，就算真被丛鸦抢吃了，我也会再给它们补一些。

1. 2018年6月20日

2. 珠颈斑鸠

3. 一天大
   羽冠

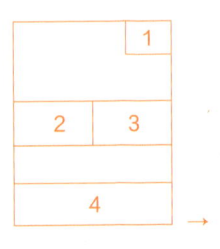

4. 和父母走散后，它们叽叽喳喳叫个不停。人类一出现，便立马安静下来，缩在角落里。

6·20·18

California Quail

1 day old.
←Topknot

Separated from mom+dad. They cheeped until humans came along. Then they became quiet and tucked into a corner.

2018年7月10日

　　几只小乌鸦的体形比亲鸟小不了多少。但它们睁着一双蓝眼睛，不断哭闹着乞食，我一眼就能看出它们还是幼鸟。它们跟在父母身后，嘴巴张得像碗一样大，尖叫连连。亲鸟带着它们来到我的葵花子喂食器旁，为了防松鼠和体形比雀鸦大的鸟，这个喂食器外面罩了个钟形的铁丝笼，种子会顺着里面的管道掉出来。然而，设计者还是低估了松鼠和乌鸦的智商。

　　乌鸦妈妈和它的宝宝坐在阳台的栏杆上，对面就是喂食器。虽然近在咫尺，对小乌鸦来说，却又宛若天涯。乌鸦妈妈做了个示范，平稳地从栏杆跳到了喂食器上，双脚抓着铁丝笼。它看向小乌鸦，仿佛在说："看见没？多简单啊。"它落到喂食器上时，压得笼子倾斜着往下一沉，里面的种子都抖了出来。然后，它又回到了栏杆上，喂食器微微晃动，好似在呼唤幼鸟。无须鸟语翻译器，你也能明白乌鸦妈妈此刻在说什么。"来吧，你们试试。别哭了。我不会喂你们的。别给我丢脸。"有只小乌鸦准备起跳，在栏杆上压低了身子。但它误判了距离和高度,刚一跳起来,就撞上了喂食器。喂食器剧烈摇晃起来。小乌鸦拍打着翅膀,想逃离这个怪兽。葵花子四处飞溅。小乌鸦摇摇晃晃地落在了妈妈和兄弟姐妹歇脚的栏杆上。乌鸦妈妈冲着小乌鸦,嘎嘎大叫:"再试一次。"小乌鸦那可怜巴巴的哀叫,听起来和它妈妈的声音如出一辙,但调门更高、更坚定:"我不要。我不要。"妈妈吼了回去。小乌鸦却直接张大嘴巴,等着妈妈喂食。妈妈又冲它大喝一声,飞走了,把小乌鸦统统留在了栏杆上。它们被抛弃了。说好的爱呢?它们纷纷起飞去追赶妈妈。我在书上看到,许多鸟类的亲鸟通常只会抚育雏鸟两周。乌鸦的后代却可能留在家族里好些年,甚至赖一辈子。真是难为乌鸦妈妈了。

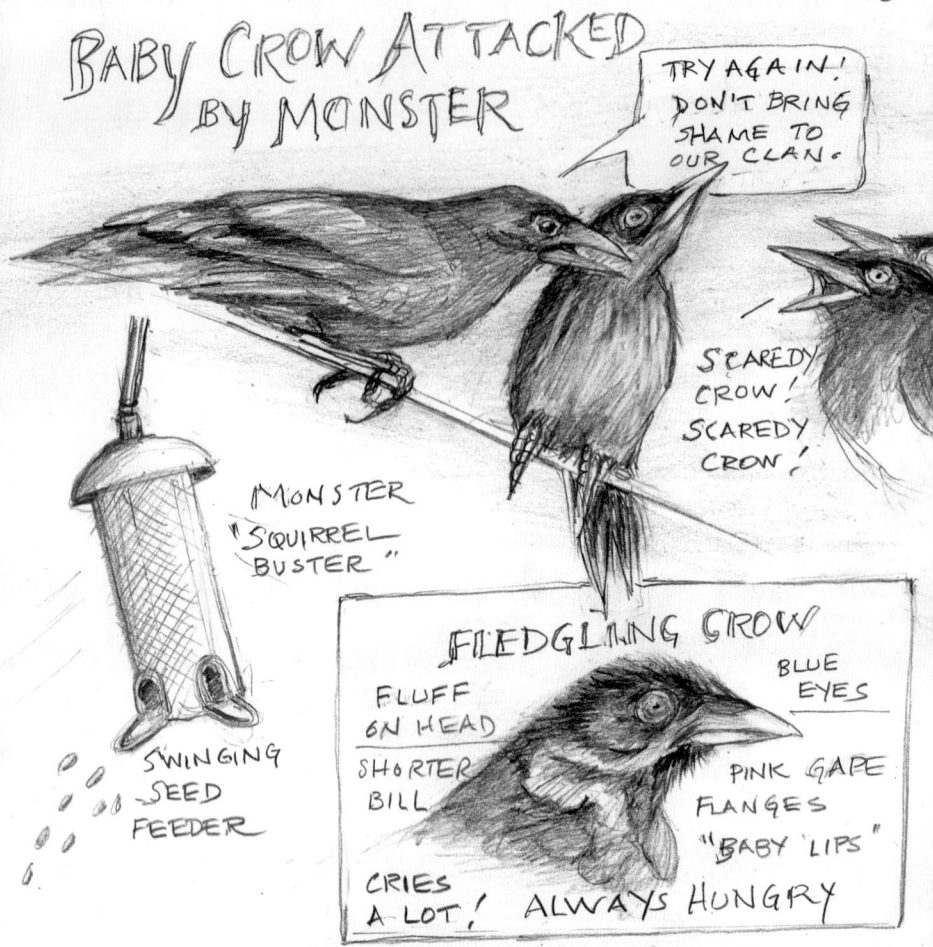

Baby Crow Attacked by Monster

7-10-18

"TRY AGAIN! DON'T BRING SHAME TO OUR CLAN."

"SCAREDY CROW! SCAREDY CROW!"

MONSTER "SQUIRREL BUSTER"

SWINGING SEED FEEDER

Fledgling Crow
- FLUFF ON HEAD
- SHORTER BILL
- BLUE EYES
- PINK GAPE FLANGES "BABY LIPS"
- CRIES A LOT! ALWAYS HUNGRY

Mama Crow showed babies how to raid the Squirrel Buster. After demonstrating how to jump onto the seed feeder, she told one of the fledglings to try it out. The baby launched, missed, and refused to try again. She squawked, the baby squawked, and then abandoned the three babies.

	1	
		2
		4
3		5
		6
	7	

←

1. 2018年7月10日
   小乌鸦遭怪兽袭击

2. 再试一次！别给咱乌鸦家族丢脸！
   胆小鸦！胆小鸦！

3. 怪兽"松鼠克星"
   种子喂食器晃个不停

4. 刚会飞的小乌鸦
   头上有绒毛
   蓝眼睛

5. 喙比较短
   突出的粉色嘴缘——"婴儿唇"

6. 经常哭闹！
   永远喂不饱

7. 乌鸦妈妈教几只小乌鸦如何攻破"松鼠克星"。亲自示范了该怎样跳到种子喂食器上后，它让一只小乌鸦试一试。小乌鸦一跃而起，没成功，不肯再试。妈妈气得嘎嘎叫，小乌鸦也嘎嘎顶嘴，妈妈便抛下三只小乌鸦飞走了。

2018年7月10日

　　从工作室的窗户望出去,我看见十几只乌鸦在一处平坦的屋顶上啄食沙砾。我曾经以为鸟摄入沙砾是因为饿极了,看见什么都吃,不惜用其果腹。多可怜啊!后来,一位鸟类学家告诉我,鸟必须摄入沙砾,好帮助消化。哦。

　　屋顶上有只鸟比其他鸟大很多,我猜是只成鸟,在照管这群上幼儿园的小乌鸦。我远远地拍了些照片。后来查看照片时,我惊讶地发现那只大鸟似乎是只渡鸦。我曾在后院里听到渡鸦像牛蛙一样呱呱叫,但只闻其声,不见其身,乌鸦倒是院里的常客。难道渡鸦会和乌鸦一起行动?这正常吗?

　　后来我读到,小渡鸦会聚集起来,一起学习如何寻找食物。一只找到了食物,其他渡鸦就会追过来分一杯羹。也许这是一只误入乌鸦群的小渡鸦,它还太小,无法从体形或叫声分辨出这不是自己的族群。

　　但如果那是一只渡鸦,乌鸦不会群起而攻之,把它赶走吗?我见过一群渡鸦像这样对付一只大金雕。也许那是只渡鸦，只是我的一厢情愿，换言之，我希望见到渡鸦，它们是后院的稀客。我又查看了另一张照片。这只鸟小巧的头盖骨上，仿佛扣着一只独木舟。胸部的羽毛蓬松而杂乱。站在它旁边的乌鸦离相机更近，个头却看着小得多。毫无疑问，这个大块头就是渡鸦，可能还是只正在换羽的幼鸟，少不更事，没发现自己进错了幼儿园。再过不久，成年乌鸦回来后，渡鸦就要学到它在这里唯一能学到的东西了：要和自己的同类待在一起。

Kindergarten Crows → or RAVENS?

Baby crows are being taught by their parents to hunt and peck — and raid our seed feeders. The babies cry when unsuccessful and the parents demonstrate.

About a dozen crows milled about on a nearby flat roof, learning how to find and eat grit, which aids in digestion.

JULY 10, 2018

In looking at photos, I was shocked to realize at least one was a RAVEN. The size of the bill and body were distinctive. It was a dull grey brown and was clearly molting. But was it a baby raven socializing with crows?

Or was this the mother of a baby raven. Were they socializing w/ crows? Ravens are usually solitary or in pairs — except when babies are learning to find food. One bird is a raven. And the others are still a mystery.

	1	
2		3
		4
5		6

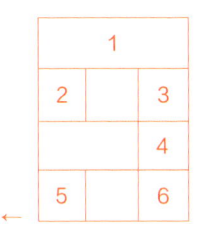

1. 幼儿园乌鸦，还是渡鸦？

2. 小乌鸦会在父母的教导下，学习捕猎和啄食——还有偷袭我们的种子喂食器。要是没学会，小乌鸦就会哭闹，亲鸟会亲身示范。

3. 十几只乌鸦在附近一处平坦的屋顶上转悠，学习如何寻找并摄入有助于消化的沙砾。

4. 2018年7月10日

5. 翻看照片时，我惊讶地发现其中起码混入了一只渡鸦。它的喙和身体的尺寸都与众不同，浑身呈暗淡的灰褐色，显然正在换羽。难道这只小渡鸦会和乌鸦一起行动？

6. 还是说，这是带着小渡鸦的渡鸦妈妈？它们和乌鸦攀上了交情吗？
   渡鸦通常都独来独往或者成双成对——只有幼鸟学习觅食时，才会群集。
   这里面肯定有只渡鸦。其他鸟还是个谜。

2018年8月18日

    我很高兴看到我的后院变成幼鸟的乐园——小灯草鹀、小燕雀和小丛鸦都在这里学习飞翔。它们的目标是落到后院的笼式喂食器上，找好角度，穿过1.5英寸见方的网格进去吃食。它们的进展好似婴儿学步。有些幼鸟学得比其他幼鸟慢，紧抓着喂食器不放。要进入喂食器，它们还必须把身子抬起来，或者松开爪子去抓更上面的笼网。有几只就卡在那儿了，一个劲儿地呼救。

    今天，后院的门廊上，一只成年丛鸦落在了它的宝宝身边，那只小丛鸦郁郁寡欢地坐在栏杆上。成鸟将一粒种子塞进还在啼哭的宝宝嘴里。然后它们一起飞走了。后来，它又把小丛鸦带到喂食器前，重新给它上课。但小家伙畏缩不前，索性跳下去，捡地上的种子吃。成鸟飞走了。幼鸟孤零零地在门廊上走来走去。后来它竟自己飞上了喂食器，我惊讶不已。"它妈妈呢？妈妈真该亲眼看看。"可惜，它仍挂在喂食器底部，尾巴也缩在笼子下面，没法抬起身子来。它瞪大眼睛，盯着那些分明触手可及的种子。十五秒后，它从喂食器上掉了下来，凑合吃了几粒它侥幸晃落的种子。一小时后，我又看到了这只小丛鸦，它还在学用喂食器。但它已经展现出了聪明绝顶的丛鸦都有的一个重要品质：锲而不舍。

FLEDGLING SCRUB JAY TALES
VERIFIED 97.5% TRUE
I GOT THIS!
AWK! IT'S ALIVE!
I HOPE NO ONE SAW THAT ★
MOM! HELP! I'M STARVING
★ Do birds feel something akin to embarrassment?
THIS IS THE LAST REGURGITATION!
AN HOUR LATER...
I HATE EATING JUNCO LEFTOVERS!
WAIT... IS THIS ...RAT POOP?!

2	1	
		3
4		
6	5	
	7	
8	9	10

←

1. 丛鸦幼鸟的故事
   真实度97.5%

2. 我成功了!

3. 糟了!这东西是活的!

4. 但愿没人看见。

5. 鸟有类似尴尬的情感吗?

6. 妈妈!救命!我要饿死了!

7. 这是我最后一次反刍喂你!

8. 一小时后……

9. 我讨厌捡灯草鹀吃剩的!

10. 不对……这是……老鼠屎?!

2018年11月10日

　　我对鸟几乎一无所知时，买了一瓶红色的蜂鸟花蜜和一个手工吹制的精美玻璃球，球上装有橡胶的龙头和塞子。我把装上花蜜的玻璃球挂在前院一块空地的牧羊钩上。当时，我还从没见过蜂鸟。这个精美的喂食器，我挂上就忘了，一忘就是好几个月。后来我才知道，喂食器每隔几天就要更换一次，否则花蜜会发霉。那个喂食器里的霉菌仿佛已经焊在了内壁上。橡胶的龙头和塞子长期暴露在阳光下，都晒龟裂了。我还了解到，商店里卖的红色花蜜里面无非是水、糖和红色染料，简直是浪费钱。最好自己制作新鲜的花蜜——一份蔗糖兑四份开水，不用染色。我还扔掉了我用有机糖制作的第一批花蜜。有机糖不仅无益，还对鸟有害。在懂得这些之前，我害死了多少蜂鸟？我扔掉了那个精美的玻璃喂食器，又扔掉了后来买的一些替代品，它们个个都很好看，清洗起来却无比麻烦。我还扔掉了带金属底座的喂食器，那个会生锈。

　　我现在有六个亚克力喂食器，红盖子，透明底，和我想营造的自然田园风格格不入。我把它们分放在后院、阳台和工作室的后门廊上。今天下午，我看到一只安氏蜂鸟朝其中一个喂食器飞去。它的脑袋初看黑乎乎的，但一迎上光，立马就变得光彩夺目，闪着红色和粉色的荧光。那是反射来的光辉，是只雄鸟。雌性蜂鸟呈非常典雅的淡绿色，喉部有些许红斑。这只雄性蜂鸟悬停在空中，身体和头部朝各个方向转动，迅速扫视周围环境，查看附近有无竞争对手。不知到底会是它赶别人走，还是别人赶它走。它轻巧地落在喂食器上，双脚紧紧抓住栖杆，仍不停扑扇翅膀。

之前蜂鸟落在我掌心里，从迷你喂食器里饮蜜时，我仔细观察过它们的小脚。腿短，脚细，脚趾和钩爪更是袖珍无比。它们不能像其他鸟那样跳跃、行走、扒土或攫食。不过，它们的脚趾还是可以抓住铁丝、意面粗细的小树枝，或者花蜜喂食器的细杆的。在与竞争对手鏖战时，它们还会用脚做武器。那双小脚真有那么大杀伤力？它们的爪子分明只弄得我手心痒痒的，毫无性命之虞。

今天，我发现蜂鸟的脚还有一个用途。一只雄性蜂鸟在追逐另一只蜂鸟，一只雌性。追得挺惬意，更像是怜爱地追求，而非驱赶。从季节来看，这个时间求偶似乎有些晚——也可以说有些早。不过，我也读到过蜂鸟一年可以交配三次甚至四次。雌鸟落在了橡树的枝丫上，雄鸟便也落在离它大约2英尺远的地方，然后逐渐向它靠近。雄鸟的脚在往旁边滑，半英寸、半英寸，再半英寸。眼看还有10英寸了，雌鸟飞走了。我发誓，雄鸟绝对露出了不可置信的表情，跟失恋的人一样。这真的是在求偶吗？它怎么不一开始就靠雌鸟近一点儿呢？许多动物都会慢慢靠近别的动物，不是为了求爱，就是为了猎杀。我年轻那会儿，人们也会像这样在电影院里调情。"哎呀，碰到你的腿了吗？我只是想再拿点爆米花。"我读到过，蜂鸟交配时，雌鸟会俯伏在树枝上。所以这只雄鸟恐怕是希望雌鸟能立刻把这根树枝当成婚房吧。可惜啊，老兄。

观察得越多，我越是发现鸟的每个身体部位做出的每种行为都自有其目的、原因和独属于个体的意义。本能并不能解释所有饶有趣味的现象。

	1
3	
	4
2	
5	6

1. 2018 年 11 月 10 日

2. 喂食器上的安氏蜂鸟

3. 靠近之前，它先查看了周围有没有其他蜂鸟。如果有，不是它赶别人走，就是别人赶走它。

4. 母舰已近在眼前——满载着说好的花蜜，召唤着它。

5. 它稍等了片刻，才开始饮蜜——因为可能会有竞争对手来驱赶它，或者它得先把对方赶走。它们如何决定谁去谁留？是否有一只地位更高？

6. 它轻巧地落在喂食器上，双脚紧紧抓住栖杆，仍不停扑扇翅膀。

NOV 10, 2018

BEFORE APROACHING, HE CHECKS TO SEE IF OTHERS ARE IN SIGHT. IF SO, HE WILL GIVE CHASE OR BE CHASED

THE MOTHERSHIP IS AHEAD — BECKONING WITH PROMISE OF NECTAR

ANNA'S HUMMINGBIRDS at the FEEDER

BEFORE DRINKING, HE WAITS A SECOND OR TWO — COMPETITORS MIGHT COME TO CHASE HIM OR HE MAY CHASE THEM AWAY. HOW DO THEY DECIDE? IS ONE ALREADY RECOGNIZED AS SUPREME?

HE DELICATELY ALIGHTS ONTO THE FEEDER, WINGS STILL FLUTTERING AS HIS FEET GRASP THE BAR.

安氏蜂鸟（雄性）

2018年11月17日

世界末日仿佛拉开了序幕。北部的营溪大火烧了已整整十天，还在肆虐。浓烟已经向南飘到了湾区，飘进了我家后院。我知道，这浑浊的空气里还残留着176英里开外天堂镇*的余魂。今天索萨利托的空气质量指数高达206，属于"非常不健康"。州内有些区域的空气质量指数甚至超过了500，相当于每小时抽一包烟。除了给喂食器加粮换水，我尽量不出门。

现在后院里的安氏蜂鸟已所剩无几。它们可能逃往南方了，但那里也难逃野火荼毒。我估计有些鸟离开得比较早，是因为邻居提前把竹篱笆砍了，许多鸟没了藏身之处。这也是迫不得已，万一野火真的袭来，竹子一点就着。这些天，落到喂食器上的蜂鸟都没有雄性竞争者来驱逐了。

不知道这样的空气污染会对野生鸟类产生怎样的影响。有个养

---

* 2018年加州山火几乎在一天之内将养老圣地天堂镇化为焦土，惨烈异常。

1. 野生动物的生存挑战

2. 贼首费金*

3. 空气质量指数206。近170英里外营溪大火的浓雾飘到了这里,对鸟类有何影响?
   比氏苇鹪鹩

4. 2018年11月17日
   空气质量"非常不健康"。岛屿已经看不见了,许多鸟都离开了——反正数量上少了不少。我在油脂喂食器上看到了比氏苇鹪鹩,还有在地面觅食的金冠带鹀和灯草鹀。

5. 在栖杆上涂抹辣椒油驱赶松鼠。
   有效!!

6. 辣味油脂
   鸟类没有味蕾,哺乳动物才有†,松鼠不会来偷食。

---

* 狄更斯《雾都孤儿》中的角色,狡猾贪婪,教小孩坑蒙拐骗,利用他们进行犯罪。

† 原文如此,实则鸟类也有味蕾,只是相对其他动物来说味蕾较少。——编注

WILDLIFE CHALLENGES

FAGIN THE THIEF

NOV 17 2018

AIR QUALITY INDEX 206. SMOKE FROM CAMP FIRE 170 MILES AWAY. HOW DOES IT AFFECT BIRDS

AIR QUALITY IS "VERY UNHEALTHY." ISLANDS ARE NOT VISIBLE AND MANY BIRDS HAVE LEFT — AT LEAST IN NUMBERS I'VE SEEN. BEWICK'S WREN AT SUET FEEDER AND GROUNDFEEDER + GOLDEN CROWNED SPARROWS — JUNCOS

BEWICK'S WREN

CHILI OIL FOR PAINTING BIRD STAND TO DETER SQUIRRELS

WORKS!!

CHILI SUET
BIRDS HAVE NO TASTE BUDS. MAMMALS DO. SQUIRRELS LEAVE IT ALONE

宠物鸟的朋友说，她最喜欢的鹦鹉就在闻到厨房油烟后，突然死掉了。野生鸟类也同样敏感吗？如今，林莽村野间，是否已随处散落着被烟熏死的美丽鸟儿？如果鸟儿确实是因为烟雾才离开的，那我就亲眼见证了环境变化会何等迅速地削减鸟类数量。但愿，这只是暂时的。

　　傍晚时分，我欣喜地看到了一只娇小的比氏苇鹛。我认得它，它一天要来吃好几次油脂，天天来。我看着它进食，它也看着我——我这个不会飞的生物住在装有高效空气净化器的房间里，以免呼吸到那只小鹛不得不呼吸的有害空气。我很担心。

2018年11月21日

今天，燕雀大举回归，还爆发了一场食物争夺战。我占据浴室窗前的最佳观战位，望着6英尺外门廊上的喂食器。家朱雀虽然体形大得多，但暗背金翅雀数量占优，而且是吵架的一把好手。据我观察，它们争夺的往往是种子喂食器上它们中意的席位。燕雀和有些人一样，无论其他鸟有什么东西，它们都想要，就像别人的总比自己的好似的。一只暗背金翅雀栖在种子喂食器上，却被一只雌性家朱雀相中了它的位置。旁边分明还有好些空位。但不行，这只新来的家朱雀非要暗背金翅雀小屁股下的那块地不可。家朱雀从上方逼近暗背金翅雀。双方展开眼神对决。暗背金翅雀坚守阵地。雌性家朱雀弓起了背。此时，还有一只雄性家朱雀坐在同一个喂食器的另一个位置上，一边看戏，一边大嗑葵花仁，仿佛置身体育酒吧。最终，暗背金翅雀移到了喂食器的另一边，"国际关系"缓和。但谁知道能维持多久。

为什么面对体形更大的竞争对手，暗背金翅雀仍能临危不惧？

Nov 21, 2018

The Challenger

THE TOP GOLDFINCH CLUNG TO THE OUTSIDE OF THE CAGE FEEDER, AND THE GOLDFINCH ALREADY THERE FOUGHT OFF THE AGGRESSOR.

BOTH APPEAR TO BE FEMALE WITH GREY BROWN WINTER COATS OVER PALE YELLOW

SURPRISE ENDING. THE CHALLENGER ON TOP MANAGED TO OVERCOME THE DEFENDER BELOW, WHO HAD CLOSEST ACCESS TO FEEDER PORT.

除了拱起背部，凶狠地瞪视对手，雌性家朱雀还做出了哪些我没注意到的攻击行为？它们会像嘶叫的猫一样，微微竖起羽毛吗？它们有类似皱眉的表情吗？它们是否会表现出剑拔弩张的情态，但唯有鸟类才分辨得出？它们如何发出攻击信号？鸟类的沟通和肢体语言中，有太多我看不懂的东西。

不久前，我还会用一句轻巧的话一笔带过发生的一切：鸟来鸟往，不计东西。如今，我静静站着，观察它们，它们也观察我，我们隐藏在彼此赤裸的目光之下。

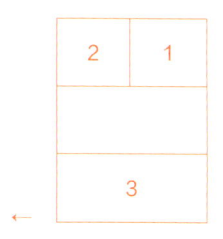

1. 2018年11月21日
   竞争对手
   上面的金翅雀紧抓着笼式喂食器的外壳，
   下方先来一步的金翅雀奋起反抗袭击者。

2. 两只似乎都是雌性，淡黄的羽毛外已套上
   灰褐色的冬衣。

3. 结局出人意料，上面的攻方成功击退了下
   面的守方，它的位置离喂食口最近。

2018年12月3日

  几个月前，我第一次在油脂喂食器上看到这只小鸟时，经历了一次我说的"新鸟心动过速"，也就是在后院发现了一种从未见过的鸟，兴奋得心脏狂跳。我当时以为，它只会来这么一次。为了把它印在脑海里，我按照杰克·劳斯教的技巧，大声说出它最突出的特征、行为和当时的情景。"脑袋上荧光黄色与黑色相互交错，喙像莺一样，体形和山雀一般大小，戴着黑眼罩，背部呈深橄榄色，身体掺杂着些许黄色。停在阳台的油脂喂食器上，正在啄食。天哪！它朝我看过来了。一脸不高兴。抱歉……"为免忘记，我赶紧画了一张草图。然后在iBird[*]上搜到了一个匹配的品种。黄眉林莺，还是只色彩鲜艳的雄性。不到一小时，这只莺又飞回来了，这下我确认了它真是黄眉林莺。当时身旁要是有位鸟友就好了，我可以吹嘘自己见着稀客了。

---

[*] 一个鸟类辨识软件和线上数据库。

现在，黄眉林莺已经是我这里的常客了。我估算一共有四只：三只雄性，一只雌性。为争夺喂食器的使用权，它们一直纷争不断。它们的规矩是：每个喂食器上只能有一只莺。强势的雄莺会赶走喂食器上的其他莺。每次看到它们，我都很高兴。它们通常是我晨起时在喂食器旁看到的第一批来客——后门廊上、浴室窗边、阳台上、院子里，都能见到它们的身影。我不是那种天一亮就起床的人，所以它们可能早就来了。它们整天都在进食，无论我什么时候望向窗外，都能看到它们。这些莺怎么吃那么多东西？应该不是要喂雏鸟。它们春天在北方繁殖。难道是为越冬储食？嘿，莺儿啊，每日每夜，每时每刻，我这儿的食物都管够。没必要未雨绸缪。我这个人特别靠得住，每只鸟都可以做证。

This warbler makes repeated trips to the suet — 5 times an hour. He is usually a termite eater, but evidently will go to a feeder if the goods are tasty. Since he eats so often, what does he do with all that food — cache it for the winter? The oak titmouse takes one suet ball per visit and returns to the tree.

Vivid yellow and black make it easy to I.D.

TOWNSEND'S WARBLER
DEC 3, 2018

```
    ┌─────────┐
    │    3    │
    │   ┌─────┤
    │   │  2  │
    │   ├─────┤
    │   │  1  │
←   └───┴─────┘
```

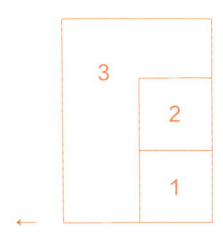

1. 黄眉林莺
   2018年12月3日

2. 黄黑相间的亮丽羽色，很容易辨认。

3. 这只莺频频造访油脂喂食器——一小时要来五次。黄眉林莺通常以白蚁为食，但显然只要食物够美味，它们也会造访喂食器。但它如此频繁地进食，是要做什么呢——为越冬储食吗？相比之下，纯色冠山雀每次只来衔取一粒油脂丸，就会回到树上。

045

2018年12月18日

  两年前的夏天，我满怀希望地挂上了油脂，以为很快就能引来一大群鸟。我轻信了油脂包装上的宣传："所有鸟都喜欢油脂。"然而，我发现，除了乌鸦和丛鸦，几乎没什么鸟来吃。一个朋友向我解释了油脂遇冷的原因。鸣禽冬天才吃油脂，而且只有某些鸟类才喜欢。我没有怀疑她的话，事实似乎也确实如此。我推测鸣禽不吃油脂，是因为它们和我一样，觉得这种食物油腻，吃了容易昏昏欲睡——里面含有脂肪、谷物、昆虫和花生。去年12月，我又试了一次，在几个笼子里放了油脂。起初的一周，一直无人问津。但紧接着，有些鸟发现了油脂，叽叽喳喳，口耳相传，从那以后，几乎一年到头都有各种鸟儿蜂拥而至：黄眉林莺、比氏苇鹀鹀、白喉带鹀、加州唧鹀、丛鸦、哀鸽，差不多所有常客都会来享用。

  我这次用了"野鸟无极"（Wild Birds Unlimited）[*]的大牌油脂，

---

[*] 北美专门经营鸟类喂养用品的连锁零售店。

品质或许又提升了一个档次。我变成了一个母亲，一心只希望给自家鸟儿吃上最好的东西，不吃转基因食品，不吃人工香料，也不吃便宜的碎玉米。鸟对我的良苦用心一无所知。它们只顾啄食，吃啄下来的碎油脂。山雀、灯草鹀和冠山雀喜欢把迷你油脂丸叼回树上吃，灯草鹀也会吃掉在地上的油脂块碎渣。唯有蜂鸟和燕雀一点儿不碰油脂，而且是所有燕雀都不吃，无论是家朱雀、暗背金翅雀还是松金翅雀，概莫能外，我很是惊讶。它们以种子和蓟草为食，似乎绝不动摇，就连面包虫这等好比猪包毯*一样的开胃菜都不吃。它们是素食主义者，吃种子、坚果和浆果。巧了，我也吃素。这下我懂了。换我，我也不会碰猪油和虫须。

怎奈松鼠也非常喜欢吃油脂。为防范它们，我试遍了各种方法。我买了喂食口很小的笼式喂食器。松鼠要么咬烂笼子上的塑料，要么跳上喂食器猛摇，把种子从喂食口里晃出来。锥形防护罩虽然可以防止它们顺着杆子往上爬，但松鼠会爬上附近的树枝、篱笆或栏杆，隔着6英尺也能直接跳到喂食器上。它们矫健得堪比奥运会上的体操运动员，脚上自带抓钩，还有狡猾的犯罪头脑。

但现在，我终于找到了解决办法。那就是辣味油脂，也是在"野鸟无极"买的。有次我弄完这些油脂后，手不小心碰到了眼睛，还以为自己要永久失明了。绝对的地狱辣。证据就是：松鼠再也不来偷袭喂食器了，甚至都懒得故地重游过来侦察一下。而鸟呢，又

---

* 类似香肠面包卷，但个头小、分量少，一般作为开胃菜。

The Suet Lovers

12-18-18

"Mine!"

TOWNSEND'S WARBLER — "frequent" feeder club

"MINE!"

BEWICK'S WREN small but will push other birds off the suet.

"what's this?"

WHITE THROATED SPARROW. Was his visit to the suet a one-off?

"gobble gobble"

CALIFORNIA TOWHEE He can barely fit on top of the suet feeder and tears into it greedily.

全然不受辣椒影响。听说鸟没有味蕾。但后来我读到，鸟其实有嗅觉和味觉，但还尝不出辣味来。谁知道呢，没准儿它们就是觉得加辣子的油脂比那些掺烂昆虫头的杂牌油脂好吃。"恩美小餐馆"获食客点评："地道川菜。强烈推荐！"

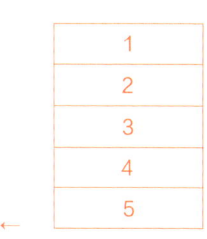

1
2
3
4
5

1. 2018年12月18日
   油脂老饕

2. 这是我的！
   黄眉林莺
   "喂食器俱乐部常客"

3. 是我的！
   比氏苇鹪鹩
   体形虽小，却能赶走油脂喂食器上的其他鸟

4. 这是啥？
   白喉带鹀
   它来过一次，还会再来吗？

5. 大嚼特嚼。
   加州啷鹊
   它勉强站在喂食器顶部，贪婪地撕扯着里面的油脂块。

西美松鼠

2018年12月23日

《后院观鸟》为您播报突发新闻。下午两点,我看见大批乌鸦从四面八方飞入我家后院。它们十到二十只一群,嘎嘎乱叫。有些躲进了离院子最近的橡树里,还有一些则落在我们的绿屋顶上,一边扫视天空,一边惊叫连连。有几只还把丛鸦和松鼠藏在屋顶上的食物刨出来吃了。乌鸦大军压境,各路鸣禽四散而逃。后来,大多数小鸟都飞了回来,停在后院的喂食器上。它们肯定发觉了乌鸦此次不是来夺食的,对它们构不成威胁。但鸦群始终紧张兮兮的。我有个猜测:有坏人在光天化日之下杀死了一只乌鸦。

好吧,我认罪,是我在院子旁的栏杆上,倒挂了一只假乌鸦。我们的院子快成乌鸦聚集地了,其他鸟都被吓跑了。它们胡作非为,把喂食器撞得东倒西歪,就为了将里面的种子震出来。我从鸟类用品商店买了一只假乌鸦回来。个头虽小,但很逼真,身上覆盖着黑色的鸡毛,有些还乱蓬蓬的,仿佛这只英勇的乌鸦与凶残的人类殊死搏斗了一番才慷慨就义。乌鸦很聪明,所以我万万没想到,单凭

1. 2018年12月23日
   犯罪现场!
   乌鸦谋杀案

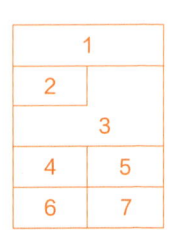

2. 突发新闻! 二十五至三十只乌鸦飞到了橡树和绿色屋顶上。

3. 嘎!
   谁遇害了?
   是小破嗓!

4. 供状: 我不堪忍受乌鸦扰乱后院,赶走鸣禽……
   我倒挂了一只假乌鸦。

5. 报信鸽: 是一个人类干的——那人还笑了!
   鸦群在远处侦察,举头四顾,看有没有危险。
   唔……

6. 乌鸦谋杀案后续: 乌鸦再也不来了。

7. 它们觉得这只乌鸦是真的吗? 它可长着黑色的鸡毛。我读到过乌鸦会哀悼同类,但它们会哀悼素不相识的乌鸦吗?

12-23-18

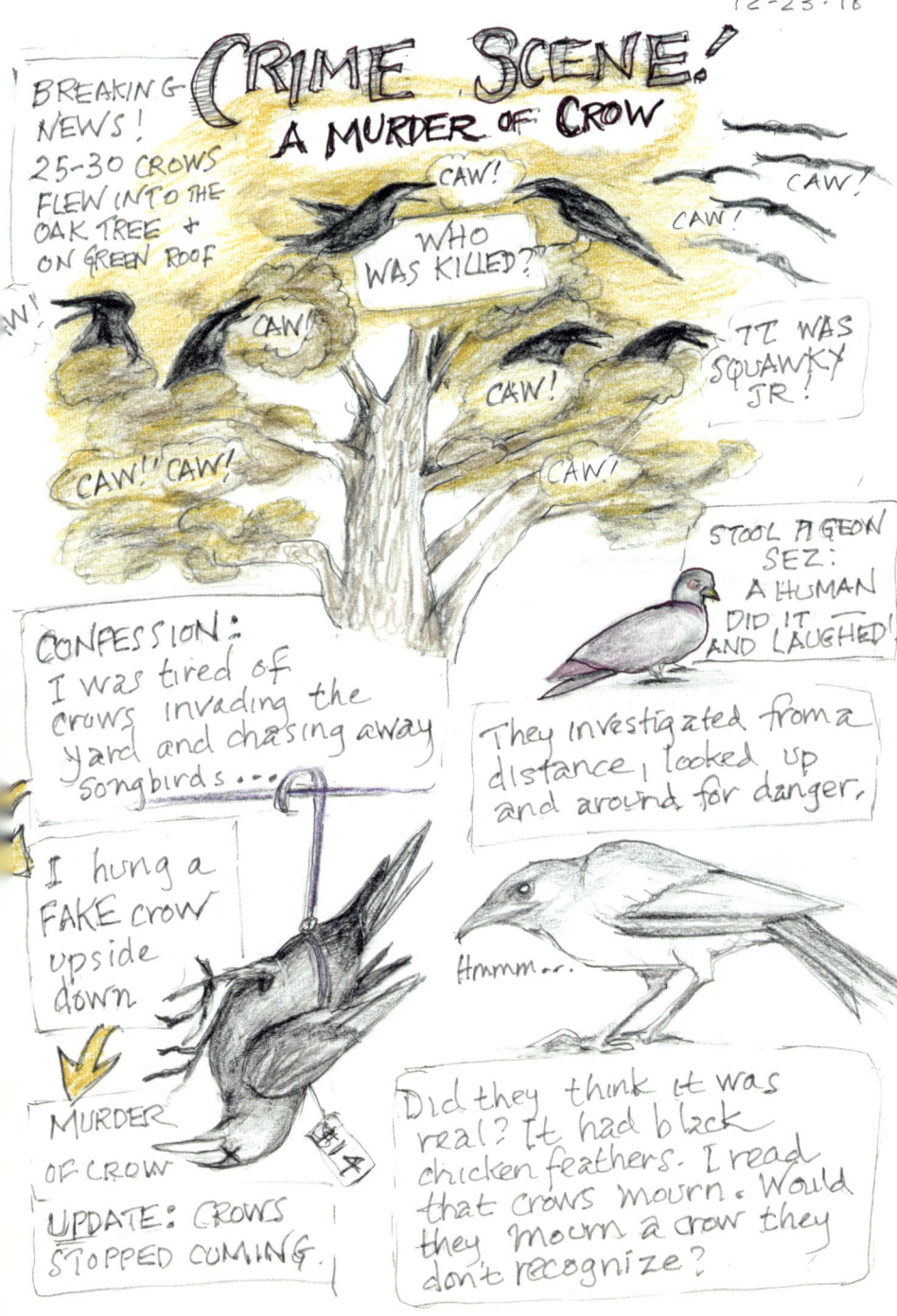

CRIME SCENE!
A MURDER of CROW

BREAKING NEWS! 25-30 CROWS FLEW INTO THE OAK TREE & ON GREEN ROOF

CAW!
WHO WAS KILLED?
CAW!
CAW!
IT WAS SQUAWKY JR!
CAW!
CAW! CAW!
CAW!

STOOL PIGEON SEZ: A HUMAN DID IT AND LAUGHED!

CONFESSION: I was tired of crows invading the yard and chasing away songbirds...

They investigated from a distance, looked up and around for danger.

I hung a FAKE crow upside down

Hmmm...

↓ MURDER OF CROW

UPDATE: CROWS STOPPED COMING.

Did they think it was real? It had black chicken feathers. I read that crows mourn. Would they mourn a crow they don't recognize?

一只14美元的假乌鸦，就能轻易骗过它们。

不知道这些乌鸦是不是在哀悼死去的同伴。既然有这么多乌鸦从四面八方飞来参加哀悼会（也可能是要"血债血还"），想必这只假乌鸦长得一定很像它们族群里某个深受喜爱的风云人物吧。还是说它们会悼念素不相识的乌鸦？人类就会。我悼念过"9·11"事件的遇难者，悼念过在学校里惨遭枪杀的孩子，还有那些与假乌鸦一样真实的虚构人物。

2018年12月27日

读了珍妮弗·阿克曼（Jennifer Ackerman）的《鸟类的天赋》（*The Genius of Birds*），我终于找到了答案，明白了鸟类如何歌唱，又在唱些什么。简而言之，阿克曼指出，鸟类的胸腔深处有一个鸣管。鸣管由软骨和两片薄膜组成，气流会使薄膜产生振动。鸣管的肌肉能够非常精确地挤压气流，这种振动就形成了鸟的歌声与鸣声，从沙哑的啼叫到音调优美的复杂旋律，长短各异，百转千回。其他没有哪种生物的发声机制能产生如此千变万化的鸣唱，甚至还能发出和声。

得知这一点后，我非常兴奋，因为我一直很好奇安氏蜂鸟是怎么发声的。我读到过，它们在进行求偶俯冲时，最后会发出似鸣非鸣的哨声，那是空气穿过外侧尾羽中空管的声音。然后我就以为它们发出的咔嗒声和静电般的嗡鸣，也是挤压空气产生的机械音，直到我对着一只造访花蜜喂食器的雄性蜂鸟拍了一段视频。这只蜂鸟靠近喂食器，迅速饮一口蜜，然后退开。就这样重复了大约十次，

DECEMBER 27, 2018
Vocalic Sounds and Motion in an Anna's Hummingbird
Slow Motion Research

hovering before approaching the feeder

tail in a neutral position

SOFT GROANS! with tail bending

Bends thrusts tail upward. Tail fans out.

Tail still tucked and fanned out.

moves back, away from feeder.

SOFT GROANS when tail swings straight and tight.

preparing to approach the feeder. Body is almost horizontal. Grunts again when tail moves.

QUESTION:
Is the movement of the tail like bellows that push air over the SYRINX. Reminds me of weight lifters who groan loudly in the gym. Vocalic and mechanical?

DISCOVERIES IN SLOW MOTION
I took video at regular speed, watching Anna's moving toward the feeder. I heard clicking sounds and wondered if they were mechanical. I slowed the video to 25 seconds. The click was actually a groan, so like a whale call, very vocalic. Each time the tail bent upward or downward, it moved forward or backward, and the groan was part of the tail movement. It was not 100% correlation - It made the groan on one occasion when hovering in place.

1	
2	3
4	5
7	6

1. 2018年12月27日
   安氏蜂鸟的叫声与动作研究
   慢动作解析

2. 靠近喂食器时先悬停在空中
   尾巴保持中正
   尾巴仍保持弯折，展成扇形

3. 尾巴弯折时，发出轻微的呻吟！！
   尾巴弯折，上抬，展开

4. 后退，离开喂食器
   将尾巴收拢，摆正，同时发出轻微的呻吟

5. 准备接近喂食器，身体几近水平，摆尾时再次发出呻吟

6. 慢动作研究
   我先以正常速度拍摄了安氏蜂鸟飞向喂食器的视频。我听到了咔嗒声，好奇这是不是机械音。于是，我又拍了一组时长二十五秒的慢镜头。原来那咔嗒声是一声呻吟，如鲸歌一般柔和，很像鸣音。每当尾巴向上或向下弯折时，蜂鸟就会前后移动，而且一摆尾便立即发出呻吟。但也不是百分百相关，有一次它悬停在空中，也发出了呻吟。

7. 疑问
   摆尾时是否会像风箱一样，将气流挤出鸣管？我不由得想起健身房里那些举重的人，嘴里总是哼哼唧唧的。这是鸣音还是机械音？

		1
	2	
	4	3
6		5
8		7

→

1. 2018年12月27日
   安氏蜂鸟为何又是如何发出咔嗒声的?

2. 我制作了新鲜的花蜜哟！！

3. 咔嗒！咔嗒！
   谷歌翻译
   "离我的食物远点儿，不然我戳瞎你的眼睛！"

4. 飞过来时会发出咔嗒声。
   就着我手里的喂食器饮蜜时又不发声了。

5. 今天，一只蜂鸟张着喙朝我飞来。它一直发出咔嗒声，这种声音要么是鸣音，要么就是在弹舌。

6. 疑问
   这种咔嗒声是鸣音，还是机械音？换言之，是鸣管在发声，还是摆尾时挤压空气发出的动静，一如蜂鸟求偶时从高处俯冲而下发出的哨声？
   咔嗒！咔嗒！咔嗒！咔嗒！咔嗒！

7. 模式：一旦我或者其他蜂鸟靠近它占据的喂食器，它就会飞快地发出一连串咔嗒声，然后赶走其他蜂鸟。但有一次，它朝我飞了过来，飞到离我的脸很近的位置。一下子展开了尾巴！翅膀拍得嗡嗡响——围着我的脑袋绕圈。
   天哪！

8. 我站在原地，与它对视。
   我心想：它恐怕不喜欢我。

12-27-18

WHY and HOW do ANNA'S HUMMINGBIRDS MAKE THOSE CLICKING SOUNDS?

GOOGLE TRANSLATE

"Get away from my food, or I will poke your eyes out!"

Clicked when approaching.

No clicking while drinking from feeder in my hand.

QUESTION

Is the clicking vocalic or mechanical, meaning produced by syrinx, or by pushing air through tail shaft, as with the deep courtship dive + pop?

Today, a hummer appraoched me with bill open. It was clicking and it either vocalic or made with tongue clicks.

PATTERN: Fast clicking ensues when I or another hummer is close to feeder it claimed. Chases away hummers. But one time approached me and was close to my face.

FANNED OUT TAIL!

OMG!

BEAT WINGS LOUDLY + CIRCLED MY HEAD.

I STAND STILL, EYE TO EYE.

ME: HE DOES NOT LIKE ME. ←

其间一直发出伴随静电般嗡鸣的咔嗒声。我又用慢镜头记录下了它的动作。前移时，它会随着尾巴的摆动发出两声柔和的声音。慢镜头中的声音听起来不像机械音，更像鸣音，恰似鲸歌的回音。它每一次发声几乎都伴随着摆尾，向前叫一声，向后叫一声。有时它只摆尾不发声，有时它发声时，身子直挺挺地悬在空中。但最常见的还是伴随移动发声。摆尾无疑起到了推进和制动的作用，但是否还产生了风箱效应，增加了通过鸣管的气流呢？我不由得想起那些健壮的举重爱好者在做卧推时发出的哼唧声，在我听来就好似便秘时用力挤压肠道而发出的声音。

  蜂鸟为何会在移动时有节奏地发出这样的声音？或许和求偶有关，雄性蜂鸟通过这种声音展示自己的尾巴何等有力；又或许这就相当于人类一边敲钉子，一边高唱劳动号子，"我一直在铁路上工作"。雌性蜂鸟也会发出同样的声音吗？它们的音调是否更高？鸟类学的研究文献想必能给出一个明确的解释——但也可能像我经常读到的那样，仍属未知。鸟类一点儿也不简单。它们的行为超出了我的认知，我只能胡乱猜想，除非科学或轮回能让我化身成鸟。

2018年12月28日

我在院子里放了一堆葵花仁,供在地面觅食的鸟儿享用。不久,两只长得几乎一模一样的金冠带鹀开始啄食散落在周围的种子,逐渐靠近那堆葵花仁。不过,就在其中一只即将捷足先登之际,另一只体形较小的带鹀突然跳着脚扑了过去,赶走了心腹大患。最后,那只挨了教训的带鹀又回来了,小心翼翼地在另一只带鹀对面,沿着种子堆的边缘啄食。

我很好奇这种行为过程是不是形成支配关系的过程,一只鸟赶走竞争对手,另一只鸟再回来时就显得很顺从。那只较小的鸟是雌性,另一只是它养大的幼鸟,还是说较小的那只更年长,正处在繁殖期?不过,也可能纯粹是较小的那只心情不好。不能因为它们是鸟,就觉得它们没有心情好坏之分。有些鸟就总表现得很生气,比如雄性蜂鸟。

还有个问题:为什么它们要从周围吃起,不直接去吃中间的呢?我想,要是鸽子定会直奔食物最丰富的地方。我确实注意到,

	1
2	
3	4
6	5

→

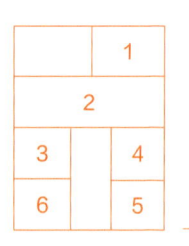

1. 2018年12月28日

2. 金冠带鹀的种子经济学或资源保护行为

3. 它们在啄食院子里的种子，但都只从外围吃起。体形较小的那只鸟（雌性？）跳着脚朝另一只扑了过去。后者退让了，小型鸟接管了它那侧的种子。

4. 体形稍小一些——是雌性吗？
   羽色同样黯淡

5. 较大的那只金冠带鹀最终还是回来了，但只远远地在种子堆的边缘啄食。
   ·为什么雌鸟占了上风？是年长，还是因为它是母亲？
   ·为什么它们都从边缘吃起，不去吃中间的？

6. 体形稍大一些——是雄性吗？

12-28-18

SEED ECONOMICS
or
RESOURCE GUARDING
among
GOLDEN-CROWNED SPARROWS

They were eating seeds on the patio, but only from the periphery of the pile. The smaller bird (female?) advanced in lunging hops on the other. He retreated and she took over seeds from his side.

slightly smaller — is it a female?

same pale coloration

The bigger GCSP eventually returned but ate at the farther edge of the pile.
- Why was the female more dominant? Older? Mother?
- Why do they eat from the edge and not from the center?

slightly larger — male?

像带鹀、灯草鹀和啷鹀等在地面觅食的鸟,不管院子里哪儿有种子它们都会跑去啄食,哪怕它们刚才还在吃的笼式喂食器里明明有更多食物。我有个毫无科学依据的猜测:在天性和生存的磨砺下,这些惯于在地面觅食的鸟会去任何可能有食物的地方啄食。每一粒散落的种子,都和堆成山的种子一样珍贵。而且去吃中间的,还可能遭到另一只鸟的啄击,后者早将那堆种子据为己有了,正等着看是哪个傻瓜不懂规矩呢。不过,小型鸟可能短短二十四小时就会饿死,也顾不上讲礼了。

2018年12月30日

一个奇特的观察：要是我站在喂食器旁，似乎更容易招来雌性安氏蜂鸟。我仿佛成了雌性蜂鸟的保镖，负责威慑雄性蜂鸟不敢近前驱赶。就是因为都被赶走了，我之前才没怎么看到过雌性蜂鸟吗？想必是因为雄性蜂鸟一直气势汹汹地不让雌性蜂鸟靠近喂食器，雌性蜂鸟这才选择在院子里采花蜜。春天，各式各样的鸟都在老倒挂金钟的花丛间流连。那里是小型鸟理想的藏身之所。倒挂金钟的枝丫上挂满了饱含花蜜的粉色花穗。我在那儿见过许多雌性蜂鸟，它们吃不上快餐。但现在已入冬，就在今天，一只雌性蜂鸟成功把一只雄性蜂鸟驱离门廊上的喂食器，而后胜利归来。它连续啜饮了花蜜一分多钟。下午，我在院子里的另一个喂食器旁，也看到一只雌性蜂鸟在不停地饮蜜。是只有一只雌性会这么做，还是说它们正开展一场运动？又或者，筑巢季开始了？

现在，花蜜喂食器不出几天就几近见底。以前，我清洗的时候，总是还剩一半。我担心蜂鸟正在储备能量，可能很快就要离开这里

ANNA'S HUMMINGBIRD FEMALE

12-30-18

Recently, I've seen more females. They even chase males away from the feeder.

How often do they feed at the nectar feeder?

Will some leave? They did last year.

FEEDERS are emptying quickly. But they don't migrate.

Once they land, they will remain on the feeder for a minute or more if undisturbed. They are certainly not perturbed by me. Instead, they often fly to the feeder when I arrive. Do I discourage competitors by my presence? What reason would they have to come when I am there.

了。按理说它们本该长居于此，但去年它们就离开过一次。还是说雌性蜂鸟在储备能量，难道很快要开始孵蛋了？一定有事发生。一定有事即将发生。噢，我多么舍不得那小脚丫啪嗒啪嗒的声响，还有那柔软的小翅膀扑扇扑扇送来的微风。

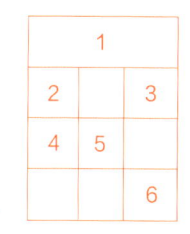

	1	
2		3
4	5	
		6

1. 雌性安氏蜂鸟
   2018年12月30日

2. 最近，我看到的雌性蜂鸟变多了。它们甚至会赶走喂食器上的雄性蜂鸟。

3. 它们多久造访一次花蜜喂食器呢？

4. 有些鸟要离开了吗？它们去年就离开过一次。

5. 喂食器很快就空了。但它们没有迁徙。

6. 落在喂食器上后，如不被打扰，它们会停留一分多钟。而且，它们肯定不怕我。我站在哪个喂食器旁的时候，它们反而经常飞到这个喂食器上来。我的身影可以吓退雌鸟的竞争对手吗？它们究竟为什么要挑我在的时候飞过来呢？

2019年1月10日

　　暗背金翅雀和家朱雀总在争夺一个吸在窗户上的小喂食器。这个喂食器的落脚处很窄，只容得下两只鸟。我，这个好心的人类，另给它们找来了一个更好用的新喂食器。我用圆形蜂鸟喂食器的底盘，做了一个足以容纳六只鸟的大家伙。我取下了老喂食器，挂上新的。

　　这群燕雀却毫不领情，罔顾我的体贴与机智。它们呆呆地立在这个手工种子喂食器的边缘，似乎在纳闷之前那个小的怎么不见了。明明它们的小爪子下面就有一大盆种子。它们要想多久才能想明白？如果哪只鸟突然开了窍，其他鸟也会迅速向它学习吗？与此同时，山雀、灯草鹀和金冠带鹀也都栖在山茶花丛中，目不转睛地盯着窗户上多出来的空当。一旦老喂食器重新现身，立马就会跳起来抢夺。不过这只是我的解读。它们也可能是在盯着我，气我拿走了它们最喜欢的小食堂。

　　我发现，鸟在某个地方成功找到食物后，就不会轻易放弃那个觅食地。上周，我把油脂喂食器移到了支架的另一侧，大约挪了1英尺。结果一只黄眉林莺不断飞回原位去找，不肯光顾换了位置的喂食器。于是，我把油脂喂食器移回了原位，不出所料，那只莺又来了。要是花蜜喂食器挪了位置，蜂鸟倒是适应得比较快，但依然会去原来的位置探查一番。在鸟儿眼里，换了位置的喂食器似乎是全新的，而原来的那个消失了。这种感觉总有些似曾相识。我也做过这种事，以旧为新。

  在栖息地的生活习惯造就了鸟，也造就了我。

1. 2019年1月10日

2. 习惯与栖地的造物

3. 消失的小食堂

4. 暗背金翅雀

5. 该死的松鼠骗我。

6. 小食堂早上都还在。
   家朱雀

7. 蜂鸟小筑
   我改造了一个蜂鸟喂食器，换掉了破损的吸盘喂食器。燕雀先是纷纷来寻老喂食器，然后便落在了新喂食器上，却对里面的葵花子熟视无睹，随后便离开了。再回来时，它们对新喂食器产生了好奇，但很谨慎。傍晚时分，新喂食器上已挤满了鸟儿。我发现，要是更换食物，鸟也会出现同样的反应，哪怕是把种子换成它们最爱的面包虫。这就是习惯记忆。

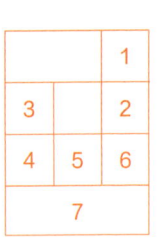

		1
3		2
4	5	6
	7	

→

JAN 10, 2019

CREATURES OF HABIT AND HABITAT

I replaced a broken window feeder with a repurposed hummingbird feeder. The finches looked for the old feeder and then sat on the new feeder, never noticing the sunflower seeds. They left. They returned and were curious but cautious about the feeder. By the end of the day, the new feeder was mobbed. I find birds have the same reaction if I change the food, even I replace seeds with mealworms – their favorites. Habit of memory.

2019年1月30日

2016年，在刚开始观察后院鸟时，我喜欢上了调皮的西丛鸦。除了乌鸦和蜂鸟，起初我就只认识它们，虽然我曾误以为它们是冠蓝鸦，即东部的一种蓝鸦。西丛鸦的体形和亮蓝色羽毛很容易辨认。它们花哨、聒噪、霸道。它们来得很勤，把悬挂式铜质喂食器里的葵花子吃得一干二净。看到这一幕，我很欣慰。当时我还是个十足的观鸟新人，买的葵花子都是带壳的。注意："脱粒葵花子"未必是去壳葵花子。于是，无论是我家后门廊还是山茶花丛旁边，无不乱七八糟地堆着好些瓜子壳。而且，它们显然还掉了不少没剥壳的葵花子。不过也可能是它们故意埋起来的，就像平时埋橡子那样。葵花发芽了，抽条了，但我还没

1. 2019年1月30日
2. 西丛鸦
3. 我得感谢西丛鸦。
4. 除了乌鸦，西丛鸦是我最早认识的鸟之一。二者都属于鸦科，叫声粗厉，足可角逐"最能惊扰闲庭"的冠亚军。相比鸣禽，它们体形偏大，幼鸟却比较短胖。为了偷吃种子，它们常有滑稽之举。

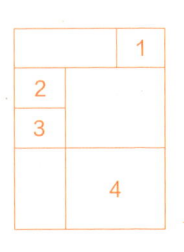

JAN 30, 2019

CALIFORNIA SCRUB-JAY

I have to be grateful to the Scrub-jay.

The Scrub was the first bird I could identify, besides the crow. Both are corvids and their raspy calls competed with each other for "most likely to disturb the peace in the garden." They are large compared to the songbirds, although the juveniles are rather short in body. Often they are comical in efforts to steal seed.

来得及收获，西丛鸦就吃掉了花盘上的新鲜葵花子。丛鸦务农！又一种可爱的行为。

后来，我听说丛鸦会吃鸣禽的蛋和某些刚破壳的雏鸟。这种情况可能并不常见，但我还是有些担心。那时，我的后院里已经来了不少鸣禽了。拿起望远镜，我能看到许多小眼睛、小翅膀和小脚丫。我已经认得出那些鸟了。我扔掉了敞开的铜质喂食器，换上新买的笼式喂食器，丛鸦钻不进去，但愿它们往后就不会来得这么勤了。结果它们为寻找破解之法，变得更机智了。"呱——呱——"，消息传遍了整个丛鸦部落，说是有人设下了一道颇有难度的智力谜题。附近丛鸦国际象棋社里的门萨*成员纷纷飞进我的院子看笑话。"哈哈哈，又一个不会飞的人类，自以为比我们鸦科的鸟儿聪明。"

---

* 国际高智商人士俱乐部。

2019年1月31日

　　雄性安氏蜂鸟已成为我最喜爱的鸟，原因很简单：它们信任我。它们似乎对我很好奇，愿意包容我。"啾瑞——嗤嗤——"，我拙劣地模仿它们唱歌，它们很快就会回应，然后飞到我身边，注视着我，甚至从我手中取食。有段时间，有六七只蜂鸟起码每小时会造访十次喂食器。但我去度了两周假，回来后发现它们不见了。我填满喂食器，唱起它们的歌。只有一只雌鸟来过几次，但一看到我就飞走了。

　　一时间，它们踪影全无，我很费解。如果是在躲我，那我可太伤心了，得给我一个解释才行。我出门前，它们正在求偶。我知道安氏蜂鸟不会一夫一妻相伴终身。在繁殖季，每只雄性通常会与多只雌性交配。我院子里的雄鸟都成功追到心上人了吗，还是飞去其他地方与落单的雌鸟交配了？即使如此，又怎么解释雌性蜂鸟也一起消失了呢？它们已经开始孵蛋了吗？是不是只有没人的时候，它们才会现身，以免暴露雏鸟的位置？

我从未见过蜂鸟的巢穴,也从未见过蜂鸟衔材筑巢。我知道它们从不使用人工巢箱,不会在里面筑巢、休息、进食,乃至偷情。市面上那些俗里俗气的迷你巢箱都打着为蜂鸟营建爱巢的噱头,纯属骗人,但还是有人买,因为他们觉得这样就有希望看到蜂鸟和蜂鸟宝宝了。心存希望,又有什么错呢?我还得知蜂鸟会用黏性很强的蜘蛛网,筑成一个结实又柔韧的鸟巢,像糨糊一样粘在树枝上,随着宝宝的成长一点点地扩巢。为此,我从不清理院子里的蜘蛛网,窗户上的也不管。我看着那些蜘蛛网,自言自语:"蜂鸟宝宝可能要靠这些网才能活下去。"何况,我也很喜欢蜘蛛。我喜欢看园蛛织网,看它们把猎物层层包裹起来,就好似给飞虫套上了蜘蛛特制的雨靴。

不知道蜂鸟会躲在院子里的什么地方筑巢,竹篱笆里、橡树的高枝上,还是正对我浴室窗户的山茶花丛里?不管是雄鸟还是雌鸟,都经常在那里出没。至少以前是这样。一个朋友说,有只蜂鸟经常在她露台上的一盆无花果里筑巢,于是她每次都得踮着脚尖蹑手蹑脚地去晒太阳。看来南加州的蜂鸟,对待筑巢和他人财产的态度都很随意。

最近我刚刚读到,如果食物充足,安氏蜂鸟一年可以繁殖三到四次。原来有这么多机会可以看到鸟巢啊!它们从1月,也就是现在起就开始交配和筑巢了。重读贝恩德·海因里希的《筑巢季》(*The Nesting Season*),我了解到雌鸟可能不会在交配后立即生蛋。它们常常在筑巢之前先把精子储存起来,巢筑好后,它们才会释放卵子与储存的精子结合。真是一套聪明的机制。就像去医院做体外受精似的，但要便宜得多。

我陆续看到了更多害羞的雌鸟，但一直没看到雄鸟——直到今天。我朝这第一只飞来的雄鸟走过去时，它依旧停在喂食器上。接着，我又看到了另一只雄鸟，体形更小，羽色也不如头一只鲜艳。它也没有飞走。从颜色来看，它们都不是幼鸟。是以前来过的雄鸟吗？我很希望它们之前来过，若是如此，它们的专一会让我更加喜爱它们。但它们回来，当然不是出于对我忠心不贰，而是因为在这里一定能找到两样东西——雌鸟和食物。

可我还是更喜欢那种富有人情味的解释——它们离开，是因为我离开了，现在我回来了，它们也就回来了。

The Return of the Male Hummingbird

Jan 31, 2019

Females are timid. They consistently come, leading me to believe they are nesting here.

MALES are polyandrous - multiple females

Today, a male arrived and then another. There was no territorial fighting. Perhaps this behavior reflects the nesting season. The males have already won over females and can live peaceably for now. Is this typical? Males are polyandrous. Did she go elsewhere to find more females?

Two weeks ago, the male hummingbirds disappeared from the feeders. I called and there was no answer at dawn or dusk — primetime feeding times. A lone female showed up and she was easily scared by my presence. Eventually, I saw other females on the other side of the house, but no males. I was bereft because the male familiarity with me had translated into anthromorphism as friendship and understanding based on trust and respect.

	1	
2		
	3	4
5		

1. 雄性蜂鸟归来
   2019年1月31日

2. 雌鸟很胆小，却一直飞来，我觉得它们是在这里筑巢了。

3. 雄鸟会和多只雌鸟交配。

4. 两周前，雄性蜂鸟不再造访喂食器了。我在晨昏两个主要的喂食时段呼唤它们，但都没有回应。只出现了一只孤零零的雌鸟，可我一现身，它就被吓跑了。最后，我还在房子的另一侧看到了一只雌鸟，但始终没有雄鸟。我很失落，因为我对那些鸟的熟悉，已经转化成了富有人情味的友谊与理解，当然，仍以信任与尊重为本。

5. 今天来了一只雄鸟，之后又来了一只。它们没有争夺领地。这种行为或许表明现在正是筑巢季。雄鸟已经各自抱得美人归了，可以暂时和平共处。这种现象常见吗？雄鸟会有多个配偶。它们之前是去别处寻找更多雌鸟了吗？

2019年2月15日

    我走到院子里,看见一只暗背金翅雀正孤零零地立在种子喂食器上一动不动。我走了过去,心里有种不祥的预感。它的眼睛肿得几乎睁不开。我心头一痛。是结膜炎。这种病在野生燕雀中很常见,并不仅限于会造访喂食器的鸟。我现在肩负着一个很招恨的责任:撤掉这些金翅雀深爱的种子喂食器。这些喂食器一次可容纳十五到二十只燕雀进食,这些鸟可能会被这只生病的金翅雀传染。

    在取下种子喂食器之前,我拿来捕蝶网,试着抓住那只病鸟,好把它送往本地的野生动物康复中心——"野生救援"。结膜炎本身并不致命,但它的症状可能让鸟儿送命。若是出现暂时的失明,鸟就无法找到食物,而且站在露天的地方,也很容易成为鹰的猎物。我挥网挥得太不利索了,那只金翅雀虽已几近失明,仍飞到近旁的一棵树上去了。待它再回来的时候,这里已没有食物可吃了。由于失明,它也无法在其他地方找到食物。

    第二天,燕雀都在庭院和近旁的灌木丛里飞来飞去。它们看起来跟发了狂似的，急切地寻找着食物。我透过浴室的窗户看着它们。有几只鸟径直飞到窗前，盯着我——"难道她自己吃独食了？"一只暗背金翅雀和一只我没怎么见过的紫朱雀，用它们的喙敲打着窗户。它们这么敲窗户，真的是在叫我吗？它们的喙反复开合着，似乎在说："出来喂食。"它们真的认识到了窗户里的这个人影就是它们的食物来源吗？以前，食物充足时，我一走近，它们就飞走了。现在没东西吃了，它们似乎反倒认出了是我一直在为它们提供食物。第二天，一只燕雀都没来。敲窗的声音也消停了。往日鸟雀云集的门廊，变成了群鸟离去后的鬼城。但愿它们能在野外找到食物。这里的春天来得很早。

我把所有闲置的种子喂食器都消了毒。等个两三周，才会再把它们挂出去。但我没有取回放在院子里其他地方的油脂喂食器。燕雀从不造访油脂喂食器，而其他鸟还指望享用"恩美冬季度假村"里的油脂呢：比如黄眉林莺、绒啄木鸟、加州啄木鸟、暗眼灯草鹀、比氏苇鹪鹩、栗背山雀和纯色冠山雀。当然，它们也可以用老办法觅食，撬开树皮寻找那些令人毛骨悚然的爬虫。但要是那样的话，为何还要入住"恩美冬季度假村"呢？

最近雨下得很大，油脂喂食器都搁在能遮风挡雨的门廊下。每场暴雨前后，都会有成群的鸟赶来觅食。但我眼前还是会时时浮现那只眼睛肿胀的金翅雀。它和其他鸟一起飞走了吗，还是只能独自栖在树枝上？我忍不住想象它徒劳地反复飞来这个如今已空空如也的地方，根深蒂固的习惯让它只需凭借振翅的次数就能精准地找到这里。我仿佛看到它立在附近的树枝上，浑身湿透，饥饿，憔悴，最终掉落在地，一命呜呼。爱与想象，总是如此令人心碎。

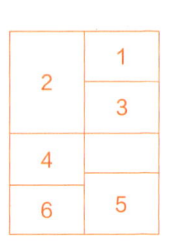

1. 2019年2月15日
   窗前心碎记！
   我成了一个残忍的人。

2. 喂！
   我饿了！
   敲窗！敲窗！
   暗背金翅雀不敢相信喂食器都不见了，一发现我，就来敲窗户。所以，它认得是我在提供食物吗？
   暗背金翅雀

3. 你难得能见到我！
   嘿！是我——紫朱雀。

4. 事情是这样的：我发现了一只患有结膜炎的暗背金翅雀，于是撤下了种子喂食器。鸟儿聚集在一起，可能会传播疾病。

5. 你以前可是爱我的！
   敲窗！敲窗！
   这些鸟飞到喂食器旁的窗户前，盯着我，用喙敲打窗户。

6. 它们不明白，它们现在有失明之虞。

2-15-19

HEARTBREAK at my window! I BECOME A CRUEL HUMAN.

"YOO HOO!"
"I'M STARVING!"
TAP! TAP!

Lesser Goldfinch can't believe the feeders are gone. She taps the window when she sees me. So, she recognizes me as the purveyor of food?

LESSER GOLDFINCH

"YOU RARELY SEE ME!"
"HEY! IT'S ME — PURPLE FINCH"

THE SITUATION: I discovered a Lesser Goldfinch with conjunctivitis. I removed the seed feeders. Congregating birds can spread disease.

"YOU ONCE LOVED ME!"
TAP! TAP!

The finches came to the window next to where the feeders. They stared at me. They tapped the window with beaks.

They don't understand they could go blind.

2019年4月29日

  三周前，我还在为自家院子大受欢迎而自豪无比。起码有三十多种鸟在我的院子里度过了秋冬时光。我持续记录着它们的种类。鸟儿则自顾自地唱起五花八门的求偶歌。我一踏上家门的台阶，耳畔就萦绕着生命交响乐团演奏的小夜曲。但紧接着，鸟儿集体抛弃了我的后院和喂食器。我也惨遭遗弃！为什么？我心爱的鸟竟成了那种无事不登三宝殿的家伙。它们占尽便宜，大啖我花大价钱从商店里买来的食物，而后弃我如鸟粪。

  一位观鸟的朋友安慰我说，鸟类在筑巢季离开并不罕见，它们是去其他地方筑巢了。那怎么就不能在我家后院育雏？另一位鸟友说，这是因为之前的降雨量创了纪录，现在到处是一片花繁叶茂、蜂飞蝶舞的景象。别处的牧草更嫩，我犯不着生气。但是，我也有满满一花园的鲜花、灌木和树丛。我还有个百花齐放、生机勃勃的屋顶呢。

  我想另找些理由，安慰自己鸟儿不是有意要冷落我。我们这儿的树上住着松鼠、乌鸦和丛鸦,众所周知,它们会吃鸟蛋和刚孵化的雏鸟。也许鸣禽觉得在我家后院抚养后代不安全。但这一片,哪棵树上没有这些动物啊?

我仍然能听到远处传来的阵阵鸟鸣与歌声。比氏苇鹪鹩的歌声嘹亮得好似警笛,从各色鸟鸣中脱颖而出,听起来仿佛就在我头顶的树梢上,但实际上它身在数码*开外的邻居家。我不喜欢这些陌生的邻居,他们院子里有鱼子酱级别的种子,花开得绝好,浆果盈枝。他们是不是提供了更肥美的有机面包虫?是不是院子里还有座中间立着佛像的意大利喷泉?

今天下午,我听到附近有对斑唧鹀粗着嗓子呼唤彼此。它们就在我家院子栅栏的外侧。那干哑的声音听起来简直像在相互挑衅:"嗯哼?!""嗯哼?!"我也应了一声:"嗯哼?!"一只斑唧鹀立即飞过栅栏,用它那双橙红色的眼睛狠狠地盯着我。我可算看到一只鸟了,是雄性,长得非常漂亮,头戴黑色兜帽,黑色的翅膀上点缀着白斑,身体两侧呈橘色。它跳进低矮的花槽里,不见了踪影,回伴侣身边去了。如果它以为我是在跟它争夺伴侣,那我的鸟语说得也没有我自己想的那么差。不过话说回来,它也可能是在气我胡乱学舌,就像小时候有人嘲讽地模仿我那说上海话的母亲训斥我一样:"嗯哼?!嗯哼?!"我也觉得备受羞辱。

我要开始学鸟鸣。我要唱些荒腔走板的歌,把它们都唤回来。

---

* 1码约合0.9米。

它们一定会回来看看,是哪个蹩脚的歌手霸占了它们遗弃的故宅和面包虫。

1. 2019年4月29日

2. 斑啸鸫

2018至2019年的冬天,我的院子里来了至少三十种鸟。它们在树上放声高歌,却又突然莫名其妙地集体离开了。喂食器里满是食物,却无鸟问津。面包虫活蹦乱跳,却没有食客。我看到了松鼠、乌鸦和丛鸦。我听到了比氏苇鹪鹩的啼鸣。随后我又听到了一只斑啸鸫干哑的呼唤,另一只斑啸鸫也出声回应。它们飞进了我的院子。

4·29·19

Spotted Towhee

THE 2018-19 WINTER BROUGHT AT LEAST 30 SPECIES TO MY YARD. THEY SANG LOUDLY IN THE TREES. BUT INEXPLICABLY THEY LEFT EN MASSE. THE FEEDERS ARE FULL BUT ABANDONED. THE MEALWORMS WRITHING UNEATEN. I SEE SQUIRRELS, CROWS & SCRUB JAYS. I HEAR BEWICK'S WRENS, AND THEN I HEARD THE RASPY CALL OF A SPOTTED TOWHEE. ANOTHER ANSWERED. THEY FLEW TO MY YARD.

2019年5月4日

一级戒备！我看到一只歌带鹀在四处收集干草，然后钻进了房子旁边的一丛花草中。我的心一下子提到了嗓子眼。街坊的两只猫一直在附近的喂食器旁伺机捕鸟，幼鸟可能会惨遭毒手。我读到过，每年猫都能捕杀十亿到二十亿只鸟。真是不可思议。现在散养的猫在我眼里，形如连环杀手。我拿起水管，还没淋到它们，猫就撒腿跑了。

我在脸书上看到了一些养猫人的帖子，他们说把猫关在家里很残忍，猫生性喜欢外出游荡、捕食。我很想回复他们：家猫不是老虎。有些养猫人说，他们的猫每天只外出几小时。我想说：捕猎又没有固定的下班时间。我还听到一些养猫人找理由，说只要给猫挂上铃铛，就可以安心地放它们外出。我想解释一下：就算如此，猫一样可以吃掉地面巢穴里那些还不会飞的雏鸟。但我统统没有回复，因为那只会引发一场声嘶力竭、污言秽语的激战，恰似猫咪打架。谁也不会改变想法，反而更加固执己见。我只能驱赶我看到的猫。

大声喝止，拿花园的水管滋它们，放出我家那小得可笑的宠物狗去追它们。

20世纪70年代，我也曾这样大咧咧地养过一只猫。那是只性情急躁的流浪猫，名叫傻瓜（Sagwa）[*]，我爱了它二十一年。我的这只流浪猫出生在野外的一个雨夜，骨子里确实有些野性。兽医诊所给它建的档案上，用2英寸大的字标注着"危险"二字。那时，我把我家猫享受日光浴的乐趣，看得比捕鸟伤鸟的问题重要多了。十三年来，它一直通过猫门自由进出，直到我为避免它和其他猫打架受伤，才开始完全家养。毕竟它缺少最得力的自卫武器——爪子。我每周都给它剪指甲，但不是为了保护鸟类，是不让它抓沙发。它患上重病后，我们就封了猫门。它从未闹着要出去，而是心满意足地躺在我们在窗户上给它安装的观景箱里。从那以后，它就在那儿俯瞰后院——看了八年。我们还会一起看它最喜欢的电视节目《野生王国》（*Wild Kingdom*）。狮子盯上了一只豪猪，伏低身子匍匐前进，它也有样学样。狮子猛地扑向豪猪，它也纵身一跃。狮子被扎了一身豪猪刺，疼得仰天大吼，它惊恐地跑开了。养猫人应该给猫播放鸟的视频，让它们享受不见血的狩猎之快。

每天我都会观鸟，鸟也会看着我。每只鸟都不一样。每只鸟都有自己的性格。如果放养猫的人发现后院的鸟其实每天都在看着他们会怎样？如果他们日复一日都能看到同一只鸟在看着自己又会怎

---

[*] 谭恩美曾以这只猫为原型创作同名小说《傻瓜猫》（*Sagwa*）。——编注

样？如果他们亲眼看到自己的猫把这样一只鸟当作活生生的毛绒玩具随意玩弄，又会作何感想？也许那时，这些养猫人就不会再赞扬猫咪亲切地给他们带回了一把凌乱的羽毛。现在还为时未晚，他们仍可以爱上鸟，庆幸鸟的存在，也哀悼鸟的枉死。

1	
2	3
4	5

1. 2019 年 5 月 4 日

2. "费金"
   松鼠
   擅长解谜，勤勤恳恳，不屈不挠

3. 杀害鸟类的不仅是猛禽、风力涡轮机、汽车、窗户、老鼠药和猎人。松鼠、老鼠、冠蓝鸦、乌鸦、牛鹂等动物，也会吃鸟蛋和雏鸟。

4. 头号捣蛋鬼＝户外的猫

5. "郝薇香小姐"*
   老鼠
   鬼鬼祟祟，生活在灌木丛中。偷袭鸟巢和喂食器，还会留下非法入侵的证据：老鼠屎。

---

* 狄更斯《远大前程》中的角色，脾气古怪，骨瘦如柴，整日生活在阴森的庄园里。

MAY 4, 2019.

"FAGIN"

SQUIRREL
puzzle solver, hard worker, undeterred

It's not just raptors, wind turbines, cars, window strikes, poisoned rodents and hunters that kill birds.
Squirrels, rats, blue jays, crows, cowbirds and others eat eggs and nestlings.

#1 ROGUE = OUTDOOR CATS

"Miss Havisham"

RAT
Sneaky. Lives in ivy undergrowth. Raid nests & feeders. Evidence of black droppings.

2019年5月6日

  每次看见一只鸟胡吃海塞,临走还要再叼上一大把食物,我就怀疑它要么是在哺育雏鸟,要么是要去喂正在孵蛋的雌鸟。我在观察的这只纯色冠山雀就正在一碗迷你油脂丸前大快朵颐,这些小丸子也是带给宝宝的绝佳外卖。里面富含脂肪、昆虫、花生和谷物,营养成分和油脂甜筒一样。油脂丸用小小的喙叼着也很方便,不需要再掰成小块,而且相当柔软,很适合雏鸟娇嫩的嗉囊。

  我早已察觉到,鸟类会形成固定的饮食习惯,一旦有什么变化,比如喂食器挪了位置、更换了喂食器,或者改变了供应的食物,它们就会犯糊涂。为了再次验证这个发现,我把纯色冠山雀最喜欢的喂食器里的迷你油脂丸换成了面包虫。经验丰富的鸟友告诉我,所有鸟都喜欢活面包虫。

  面包虫并不是真正的蠕虫,不是那种在泥土里钻来钻去的环节动物。它们是甲虫的幼虫,正在化蛹,不久后就会变成不可食用的黑甲虫。我从"野鸟无极"商店里买了一千条面包虫。每条大约长

1英寸,外骨骼有些硬硬的,呈烤面包状的焦黄色,细小的腿上毛茸茸的。隔壁九岁的小男孩觉得它们很酷,徒手就敢抓起一大把来。我则戴着丁腈手套,把它们放进以前装迷你油脂丸的碗里。

纯色冠山雀直盯着碗,然后绕着笼子搜寻了一圈。它又看了看碗,接着飞到另一个喂食器上去了。然而,那里同样没有迷你油脂丸。它再次回到了以前最喜爱的这个从不扑空的碗旁边,盯着一大堆蠕动的食物。它小心翼翼地叼起一条面包虫,但那个怪东西稍一扭动,它立马就扔了。隔了一小会儿,它又叼起了另一条,然后像对待葵花子那样,把蠕动的虫子踩在脚下,用力啄击。面包虫死透后,它便带着自己的战利品飞到了附近的橡树上。雌鸟和小宝宝一定爱惨了这份现宰现杀的美味,因为此后的一个小时里,这只冠山雀又来了许多次,甚至都懒得先杀死面包虫再带回巢里了。有一阵子,它甚至每隔三十秒就要来一次。但后来我开始怀疑,我看到的可能是两只冠山雀——雄鸟和雌鸟在轮流为贪吃的宝宝取外卖。成鸟会先吞下四到六条面包虫,再叼个三四条带回去。不知它们一共喂养着多少雏鸟。但从消耗的面包虫数量来看,起码得有四只。

贝恩德·海因里希对雏鸟能够摄入多少食物,做过一个相当准确的估计。他找到了一些从鸟巢中掉落而死的吸汁啄木鸟,这些雏鸟都还没长出羽毛。它们的胃里装着的蚂蚁,相当于自身体重的一半。若非掉到巢外,雏鸟获得的食物越多,存活下来的机会就越大。

为此,我也有我的任务。掏更多钱,买更多活面包虫,克服面包虫隔着手套在我手中蠕动的恶心劲。为防止面包虫化蛹变成甲虫,

MAY 6, 2019

AN OAK TITMOUSE PARENT DISCOVERS A TROVE OF MEALWORMS

What?! No suet balls? It's alive!

At first, it seemed puzzled that the usual suet balls were not there. It flew to other feeders before returning. It picked up a worm and it twisted and the titmouse dropped it.

The food keeps moving

It put a worm under one foot and pecked at it, as if it were a hard sunflower seed.

It picked up the worm and flew up to a branch to eat. Aha!

What are you looking at?

我还要心怀怜悯地先把它们放进保鲜盒，再放进冰箱。一想到鸟爸鸟妈把虫子带回去后，雏鸟宝宝叽叽咕咕、欢呼雀跃的样子，我已无须格外的感谢。

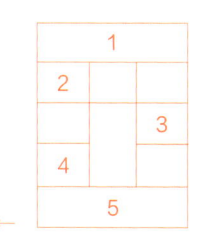

1. 2019年5月6日
   纯色冠山雀亲鸟发现了面包虫宝库

2. 什么？！油脂丸没了？这玩意儿是活的！

3. 起初，它似乎很困惑平时的油脂丸怎么不见了。它飞到其他喂食器上看了看，然后又回来了。它叼起一条虫子，虫子扭动了一下，它立马就把虫子扔了。

4. 这食物一直在动。
   它把虫子压在脚下啄击，仿佛那是一颗坚硬的葵花子。

5. 它叼起虫子，飞到一根树枝上吃了起来。啊哈，好吃！
   你看什么看？

2019年5月16日

我被鸟儿控制了。我一直在喂它们活面包虫,每天都要喂七八百条蠕动的甲虫幼虫!我估算了一下,一个月大约要花250美元。每周,我都至少要花一个小时来处理这些虫子,把它们放进冰箱。不知我这儿的树上到底有多少幼鸟和成鸟。我听说纯色冠山雀的幼鸟看着很像成鸟,但还残留着"婴儿唇",也就是肉粉色或嫩黄色的突出嘴缘,它们的嘴能张得像脚踏式垃圾桶那么大。纯色冠山雀有领地意识,一棵橡树容得下多对夫妻筑巢吗?我家有五棵橡树,还有一些其他的小树。左邻右舍也都栽有橡树,有些还伸到了我

1. 2019年5月16日
   饥饿的清晨大合唱

2. 小鸭
   比氏苇鹪鹩
   纯色冠山雀

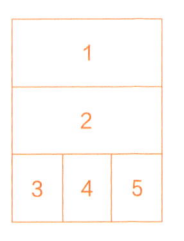

3. 早晨、中午、黄昏、夜晚,雨前、雨后,鸟儿都会来以歌换食。

4. 栗背山雀

5. 院里的橡树上究竟有多少只鸟?是同一批鸟又回来吃第二顿、第三顿了,还是一大批鸟在依次排队用餐?

5-16-19

THE HUNGRY MORNING CHORUS

Pygmy Nuthatch

Bewick's Wren

Oak Titmouse

They sing for their supper—
morning,
noon,
night,
warm,
dusk,
before it
rains,
after it
rains.

Chestnut-backed Chickadee

How many are in the oak trees? Are they coming back for seconds and thirds, or are there large numbers waiting their turn.

的院子里。不同种类的鸟，比如栗背山雀和纯色冠山雀，能共居一树吗？

一时间飞来了三只冠山雀。一只钻进了喂食器，其余的就栖在杆子上排队等候。一对亲鸟或许会合作觅食，但三只成鸟也会这样吗？也许我看到的是两只亲鸟和一只刚会飞的幼鸟，也可能是一只亲鸟带着两只刚会飞的幼鸟。但怎么没看到黄色的婴儿唇呢？就算用上望远镜，我也没看到。不管怎样，它们还得和丛鸦竞争，丛鸦会赶走所有鸣禽。接着乌鸦就会来赶走丛鸦，然后我再出去称雄，赶走乌鸦。至于松鼠，则由我的私人捕鼠员——一只约克夏梗波波（Bobo）负责对付。它会把松鼠赶出栅栏，它们就一直在外面候着，直到波波回屋。这是个不尽完整却温柔有余的生命循环。没有谁会吃了谁。

我喜欢清晨踏出家门的那阵宁静。我一吹口哨，群鸟便竞相啼叫——不是优美鸣啭，而是高声叫嚷。它们在树枝间跳来跳去，我可以透过摇曳的树叶看出它们在哪儿。冠山雀、鸭、山雀和比氏苇鹪鹩，不同鸟类的叫声混作一团。它们将我视作危险，在给同类发信号吗？还是说，它们认出了我就是那个供应昂贵面包虫的保护神？没错，从站在栅栏上的那三只小鸭的表现来看，正是后一个意思。其中一只已经等得不耐烦了，迅速落到附近的喂食器上，紧靠喂食器，仔细盯着我分发面包虫。群鸟陆续飞来，就像圣诞树上的装饰一样越挂越多。它们呼朋唤友，高喊着开饭了。它们尖声催促我动作麻利点，赶紧走开。新的一天又在一片喧闹中开始了。

2019年6月16日

一对珠颈斑鸠鬼鬼祟祟地飞到我工作室外的门廊上,四处张望,打量着周围的环境,仿佛要买房似的。"这儿阳光倒是充足,但没什么藏身之处,这里该多种些灌木,那里要再放些石头。"放下心来后,它们很快开始疯狂啄食掉落的种子——直到四磅*重的波波站在玻璃门边叫个不停。波波一向时刻提防神出鬼没的老鼠,现在肥硕的斑鸠也成了它的目标。珠颈斑鸠缓慢而轻松地滑翔到了橡树枝上,那姿态令我惊叹不已——它们笨重的身体像氦气球一样升了起来,头顶上的"小旗子"迎风舞动,好似在摇旗告别。

我看见雌性斑鸠栖在一根大树枝上理羽。它身上的颜色非常迷人,背部和胸部呈现出驳杂的褐色。腹部覆盖着三角形的白色羽毛,远看好像椰子片。透过望远镜,我可以看到那些白羽毛像菠萝皮上的纹路一样纵横交错,一丝不紊。雄性斑鸠色彩更鲜艳,躲在橡树

---

* 1磅合0.907斤。

的枝叶后面。我又往门廊前的院子里撒了些种子。它们会等我离开后再靠近。它们特别擅长伪装成石头，会先一动不动地待上十多分钟，而后上前吃食，把警惕心都抛到天外去了。殊不知鹰就在天上盘旋着寻找食物，尤其是这些摇头晃脑的斑鸠。我又撒了些种子，确保斑鸠能看到。然后，我也像石头一样一动不动。

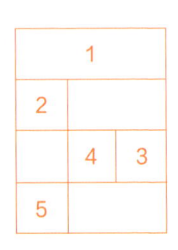

1. 2019年6月16日
   珠颈斑鸠

2. 它们多是躲在竹篱笆里，不常飞来觅食，但今天有一对飞到了门廊上，啄食掉落的碎种子。

3. 看门狗波波出动。

4. 雄鸟飞走后，雌鸟也跟着飞到了橡树枝上，然后开始理羽。

5. 掉落的碎种子

CALIFORNIA QUAIL 6·16·19

They are in the bamboo hedge and do not often fly to feed, a pair came to the porch to munch on dropped seed bits.

Guard dog 'BOBO' flew up to an oak branch. The female preened.

When the MALE took off so did the female

DROPPED SEED BITS

2019年6月19日

　　黄昏时分，一只硕鼠从隔壁茂密的常春藤中爬出，挤过栅栏钻了进来。我看着它紧张兮兮地冲刺跑过我家院子。还有两只体形小得多的老鼠则远远地待在院子边缘，就在我栽的那几盆芦笋蕨旁。我猜它们是幼鼠，那只肥老鼠是它们的母亲，正在向它们展示宝贵的生存技能——瞒天过海和东偷西摸。老鼠的目标是尽量多吃些昂贵的鸟食。我的目标则是在不杀害它们的情况下，阻止老鼠进院子。

　　当我把普通的葵花仁和油脂换成辣味的后，松鼠咬了一口，就再不光顾喂食器了。然而，老鼠照旧要吃鸟食。今天，我又从两方面升级了我的策略。我另撒了一些魔鬼辣椒粉，就是那种电视竞赛节目里参赛者吃的辣椒，他们要在不动用救护车的情况下，吃下世界上最辣的辣椒。为了增加难度，我还煞有介事地做了一个防鼠笼。我把加了料的油脂块放在一个方碗里，然后把碗悬挂在无底的笼式喂食器中。我把笼式喂食器挂在一个3英尺高的空花盆上面，这个陶瓷花盆呈倒圆锥形，盆壁很光滑。老鼠很难顺着花盆爬到喂食器上去。即使爬上去了，想吃到油脂，它也必须攀住悬在空中的蓝碗才行，但这样碗就会晃，老鼠就会失去平衡，掉进未知的黑暗深渊。虽然老鼠也可以费很大劲爬上笼子粗糙的内壁，但有新事物恐惧症的老鼠只要低头看看深渊，就会三思了。其实所有老鼠都害怕新事物，这就是它们为什么能躲过那些新发明的捕鼠器。

一只灯草鹀坐在另一个笼式喂食器的盖子上，注视着这只老鼠。鸟儿也能体会看戏的乐趣吗？老鼠抬头看了看陶瓷花盆上的喂食器。它压根儿没有去爬那光滑的盆壁。它直接一跃而起，轻轻松松——该死！——它抓住了笼网，盯着悬在空中的喂食器，还差一点儿就能够到了。几分钟过去了，我正要宣布胜利，老鼠却在眨眼间不知怎的跑进了笼子，抓了一大块油脂，跳到地上，徒留那只碗在空中疯狂乱晃。在小老鼠的注视下，母老鼠大口大口地啃食起来。突然，它像触了电似的猛地一蹦，跑上石墙逃走了。看到它的反应，我不由得想起日料店里那些不知深浅的食客，像抹黄油似的往寿司卷上抹了一大坨芥末，然后突然从座位上跳起来，喘着粗气四处寻找灭火器。我撒的辣椒粉起作用了，再也不会有老鼠来偷吃了。但没过几秒，那只硕鼠竟又回来了，继续啃食它之前掉下的那块火辣辣的油脂。我只好自己去赶它，但它还是把那块油脂叼走了。小老鼠今天可学到了一堂宝贵的人生课：永不放弃。无论是垃圾填埋场里那一堆堆腐臭的垃圾，还是一个作家在美丽花园中布下的喂食器陷阱，里面装着辣得仿佛能达到100兆赫的油脂，没有你们适应不了的东西。老鼠就是灭鼠公司最好的市场推广员。它们从不言败，只会暂

1. 2019年6月19日
   暗夜潜行者：黑老鼠

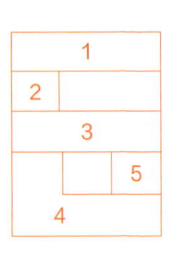

2. 黄昏时分来喂食器偷食
   体长8英寸，还没算尾巴

3. 我一直知道院里有老鼠，家里的狗都叫疯了。
   所有食物都放在它进不去的笼子里。

4. 它够不到食物。掉落的种子上都沾满了辣椒，但它没有放弃。我该遵从"活下去，也让万物活下去"的宗旨吗？这一带有动物在捕鼠，还在我家狗拉屎的地方留下了粪便。难道是狐狸？

5. 拉得真多！
   散播疾病！

6-19-19

The Night Stalker: BLACK RAT

Comes to feeders at dusk

8 inches not including tail

I always know it's there. The dogs go crazy.

It can't reach the food. The seed droppings are chili coated. But it does not give up.

All the food is in cages that it can't enter.

Poops alot! Diseases!

Live and let live? There is a rat catcher in the neighborhood. It leaves feces the size of our dogs' poop. Is it the fox?

时撤退。我们始终需要研发更好用的捕鼠器。

我怜悯老鼠,但还是不喜欢它们。它们不像家养的宠物鼠,能表达爱意。它们携带病菌,会让狗生病,比如钩端螺旋体病、寄生虫。它们会留下粪便,让你知道它们无处不在。它们像小偷一样东逃西窜。而且它们九周大就能开始繁殖,一年能产七窝崽。最后这条听起来简直像恐怖电影的开头。好在野生老鼠的寿命只有一年左右,这也反映出它们生存条件的肮脏与艰苦。那我怎么才能防住它们呢?投毒当然不行。有一次,我看见一只老鼠慢慢爬过我家的步道。一定是有人毒害了它。它的身体畸形地扭曲着,肺部剧烈起伏,呼吸艰难,园丁拿着铲子走过来,结束了它的痛苦。要是吃了被毒死的老鼠,鹰、鸮和其他动物也可能丧命。我也绝不会使用粘鼠板之类的残忍手段。我用过可以直接放生的捕鼠陷阱,但只成功捕获了几只怯生生的松鼠,然后放回了院子里。后来我才知道,在没有洞穴和社交的陌生环境中放生老鼠,它们注定会因为饥饿和暴露于恶劣环境而慢慢死去。看来我唯一能做的就是清扫鸟儿在庭院、阳台和门廊上留下的各种残渣。我每天都在扫啊扫、扫啊扫——鸟真是太邋遢了。我一边扫,一边希望我这儿的一些秘密访客——库氏鹰、赤肩鵟和美洲雕鸮能对老鼠感兴趣。再不济,也许还可以指望偶尔在午夜漫步时路过院子的美丽狐狸?成为它们的食物,老鼠也算死得其所了。顺其自然吧。

2019年6月30日

　　我每天花在观鸟上的时间比写作的时间还多。但我能有什么办法呢？就在我的工作室外，四只刚会飞的小丛鸦正在学习生存技能。它们落在不同的地方寻找食物，却总是站不稳，憨态可掬。

　　有一只落在山茶花丛的一根细枝上，正对着我浴室的窗户。树枝被它压弯了腰，这只小丛鸦最终失去平衡，被猛地弹了起来，它慌忙扑腾着飞走了。另一只小鸟落在了一片蕨叶上，叶片随即塌了，栽倒在蕨丛中。第三只小鸟落在了圆弧状的木桩顶部，脚下立马就抓不住了，顺着金属的楼梯扶手滑了下去。又有两只小鸟互相追逐着飞进了灌木丛，翅膀被长满嫩叶的小枝缠住了。又有一只晃晃悠悠地站在牧羊钩顶端，而后迅速滑落，幸好及时跳开，才没有撞上喂食器。还有一只落在一根小栖杆上，俯身靠近喂食器的喂食口，成功抓到了一粒种子，但旋即失去平衡，种子也弄丢了。它还低头张望种子到底掉哪儿了。而一只刚巧站在喂食器下的小丛鸦，正吃得香哩。

　　昨天，我把一盘死面包虫放在工作室门廊外的楼梯下面。这些

JUNE 30, 2019

FOOD FIGHT among JUVENILE SCRUB JAYS

sneaky nonchalance

← DEAD MEALWORMS BLACK & STIFF

Defensive posture, guarding, warning — all three?

imminent attack, stiff posture

defensive

WINGS SPREAD, FOOT UP, about to attack

虫子耐不住高温死掉了，很可惜。这些死面包虫已经变黑了，散发出难闻的气味，不像面包虫干，好歹还有个面包虫的样子。鸣禽都不肯吃。然而，这些小丛鸦一窝蜂围了上来，展开了一场食物争夺战。只要一只小丛鸦叼起一条死面包虫，它的兄弟姐妹就会飞来，剧烈拍打着翅膀，发出尖锐的叫声。这招一般都能奏效。但这些小丛鸦似乎都只擅长夺食，不擅长守护自己的战利品。又有一只小丛鸦从后面悄悄靠近它的手足，用喙叼住对方的尾巴，猛地一拽。受害的小丛鸦尖叫着，赶走了那个捣蛋鬼。

这时，旁边来了一位不同的竞争对手，一只哀鸽。它一落地，就立刻像只炸着毛的猫一样，小脑袋都快被浑身的羽毛淹没了。它看起来不再像和平或婚恋的使者，倒更像勉强伪装成哀鸽的绿巨人。它恶狠狠地盯着任何胆敢近前的丛鸦。丛鸦们则像暴徒似的，把弹簧刀藏在翅膀下面，成群结队地步步逼近。突然，哀鸽向其中一只

1. 2019年6月30日

2. 小丛鸦间的食物争夺战

3. 漫不经心地偷摸靠近

4. 死面包虫
   又黑又硬
   准备进攻
   姿态紧绷

5. 防御姿势，防卫，警告——要三方混战吗？

6. 展翅，抬脚，即将发起攻击

7. 防守

109

丛鸦发起进攻，在半空中亮出它那巨大的爪子，瞄准了对手。羽毛落地，胜负已分，哀鸽赢下了这场死面包虫争夺战。输家只能眼睁睁地看着哀鸽将战利品吞食殆尽。

这么热的天，面包虫死得比鸟吃得还快。今天，我又放了一大盘臭烘烘的死面包虫。小丛鸦都聚了过来。但紧接着，另一只丛鸦也落在了盘子旁，发出威严的厉吼。是只成鸟。小丛鸦吓得四散而逃，躲进了灌木丛。渐渐地，它们又折了回来，站在附近，看着这只成鸟享用它们心爱的死面包虫。不久前，成鸟或许还是溺爱它们的亲鸟呢。现在，它却威吓着任何想要靠近的幼鸟。有只幼鸟站在2英尺远的地方，开始张嘴啼哭，好似一个撒娇的宝宝。"妈妈！喂我！"成鸟没有理睬它的乞食。为了生存，幼鸟必须学会自力更生。

成鸟离开后，一只大胆的幼鸟飞到了空盘子上方的一根橡树枝上。我能听到它发出的敲击声，虽然不像啄木鸟敲得那么急促，但也很有节奏感。一颗橡子掉落在盘子附近，吓了另一只丛鸦一大跳，接着又有一颗橡子落在灌木丛旁边。还有颗橡子不偏不倚地落在盘子正中央。又震落几颗橡子后，这只聪明的幼鸟飞了下来，四处走动，得意扬扬地审视自己的杰作。我无从确定这只幼鸟是不小心弄掉了本想藏起来的橡子，还是故意让橡子掉到盘子上，吓唬跟它竞争的同类。如果它确实是有意为之，那论智慧，我根本不可能胜过它。都给你，鸦老大，活生生的面包虫，都是孝敬你的。

没有尾巴的丛鸦幼鸟

2019年8月3日

　　我以为我在院子里看到了一只新鸟。它蹲在那儿，似乎动弹不得。头上有条纹，胸腹也有纹路。透过望远镜，我看到它还长着粉色的婴儿唇。毫无疑问，是只刚会飞的幼鸟。不过是什么鸟呢？我觉得我描绘过它。那头部像大拇指一样倾斜着，还有圆锥似的喙。这种鸟我画过很多次了，但到底是什么鸟？这时，一只成年暗眼灯草鹀落在离它2英尺远的地方，头戴长长的黑色兜帽，看来是雄性。雌性的颜色比较浅。这只神秘的小鸟或许是它的孩子，刚刚离巢而已。看来想要长成父母那样，它还得经历一番彻头彻尾的蜕变。但它已经显露出了灯草鹀的大致轮廓，我画过无数次的轮廓。

　　成鸟在庭院里啄食种子。幼鸟看了一阵，然后也试着啄了一下，但地上并没有种子。它向前走了走，这次啄到了一粒种子。成鸟飞走了，显然很满意幼鸟的学习成果。但别急着走啊，幼鸟还没完全学会呢。它静静地坐在院子里，嘴里叼着那粒种子，一动不动。它仰起头来，就像以前待在鸟巢里那样，但它不知道还要松开嘴，种子才会掉进嘴里。显然，这个动作不是本能，而是一项必须学习的技能，但愿它能在饿死之前学会。幼鸟不停甩动嘴里的食物。我很担心，开始思考怎样才能帮到它，让它学会该怎么做。人们总说，不要干涉大自然。我也没有干涉。它父亲叼着一条面包虫回来了。

1. 2019年8月3日
鸟宝宝

2. 学习如何觅食时，它仍然会向成鸟乞食。

3. 灯草鹀宝宝的颜色偏灰褐色，类似松金翅雀。

4. 胸部有条纹——这也见于其他鸟类的幼鸟。

5. 它胖得好似根本不可能飞起来！

8·3·19

BABY BIRDS

color of baby Junco is more taupe, like that of a pine siskin

while learning how to forage, it still beseeches adults for food

STREAKY BREAST — SEEN IN OTHER JUVENILE SPECIES

So fat & seems impossible they could ever fly!

2019年10月13日

我对季节的感知已不再取决于地球的地轴。春夏秋冬已被春季迁徙、筑巢季、幼鸟出飞季和秋季迁徙取代。这个时间线只适用于我后院的鸟儿。9月中旬,我外出了一个月,知道自己可能会错过秋季迁徙的开端。

走了快一个月,我终于回来了。一踏进院子,就听到一段三音符的哀鸣。紧接着,我看到一只美丽的金冠带鹀落在了栅栏上,而后又是一只,一只,再一只。秋季迁徙确实已经开始了。我估计白冠带鹀和白喉带鹀后脚便到。家里要来客了!是时候拾掇一下喂食器,多备些食物了。

前院、后院、门廊、阳台,就连浴室窗台上都有金冠带鹀的身影。每个地方我都能看到四五只。它们栖在橡树郁郁葱葱的枝丫上,钻到灌木丛下面刨土,还在我浴室窗边的山茶花枝上蹦来蹦去。它们落在篱笆上、石墙上、庭院的家具上、鸟浴盆的架子上。伞顶上、喂食架上,烧烤架上也有。我估计,所有地方加起来,有二十到二十五只。蜂鸟也变多了，它们喜欢争夺喂食器，哪怕食物充足，那些争斗和嗡嗡响的追逐也从未停止。争斗是鸟儿生活中必不可少的一部分，即使吃喝不愁也不例外。谁知道这个人类什么时候会旷工，又离家一个月呢？所有食物都要自己捍卫。

　　问题：去年来过我家院子的那些鸟，今年又回来了吗？为什么有只金冠带鹀反复飞到浴室的窗台上来？是因为它知道我每天早上都会往这个窗台上撒种子吗？它时不时还会盯着我看，直勾勾的。它知道我的出现意味着食物，而非危险。否则，为什么我一打开浴室的灯，它就会飞来呢？好了，又该撒种子了。谢谢你提醒我，小金冠。你的记性显然比我好，毕竟你是求生，我是取乐。

OCT 13, 2019

They're back!
GOLDEN CROWNED SPARROW to winter in my yard!

ALASKA

I returned home and immediately saw one on the fence. They remain still for a long time unlike the flitty oak titmouse and chickadee. The Blue Angels roared by and this one was unperturbed. I've been gone a month so I don't know when they came.

PLAINTIVE THREE NOTE SONG

I forgot they will also eat from feeder. But mostly they are ground feeders. Will see if they like worms.

I hear them singing in the bamboo hedge. Sounds like, looks like have at least five

Were these birds here last year? They seem familiar with the feeding areas.

2	
	1
3	4

5	6
7	

←

1. 2019年10月13日
   它们回来了!
   金冠带鹀要在我的院子里过冬了!

2. 阿拉斯加

3. 我一回到家,就看到一只金冠带鹀栖在栅栏上。它们会长时间保持不动,不像冠山雀和山雀那样轻浮。蓝天使*从空中呼啸而过,这只金冠带鹀却丝毫不为所动。我走了一个月,不知道它们究竟是什么时候来的。

4. 哀伤的
   三音符之歌

5. 我忘了它们也会从喂食器里取食。它们主要在地面觅食。不知道它们喜不喜欢吃虫子?

6. 我听到它们在竹篱笆里唱歌。凭我的耳闻+目睹,至少有五只在我院子里定居了。

7. 这些鸟去年来过吗? 它们似乎很熟悉这里的觅食点。

---

* 美国海军的一支特技飞行表演队。

金冠带鹀

2019年10月20日

我已饱尝了鸟儿带来的乐趣。随着秋季迁徙,越来越多的鸟陆续归来。其中最引人注目的当数暗背金翅雀。它们成群结队而来,体形小得跟安氏蜂鸟差不多。它们聚在一起进食,狼吞虎咽,要先扔掉三四粒完好的种子,才会吃下一粒。喂食器共有六个喂食口,要是十二只鸟都挤在喂食器上,它们就会打嘴仗,用喙互啄,有时还会抬起脚来打斗。即使只有寥寥数只鸟,它们也会起争执,比如一只鸟想要别的鸟占着的喂食口。哪怕还有其他空着的喂食口也不行,就要那一个,而且立马就要弄到手。

金翅雀吃饱喝足,弄得一团乱后,便集体飞走了。轮到第二批食客接班。在地面觅食的鸟很喜欢捡食暗背金翅雀掉了一地的残渣。狐色雀鹀和隐夜鸫也会来看看有什么吃的。它们在地面觅食,惯于在土里戳探、翻找。一般而言,候鸟回来后,它们跟着就会出现,不仅来捡食金翅雀留下的烂摊子,还会吃树上和灌木丛中的浆果与种子。

隐夜鸫和狐色雀鹀不同于喜欢集群的金翅雀和金冠带鹀，它们似乎经常独自前来，有时也会成对出现。我几乎每次都只能看到一只。正因如此，即使它们整天都会出现，但每次看到，我都还是很兴奋。虽然我用望远镜观鸟，但它们的基本形态和姿势，我早已烂熟于胸，隔着老远用肉眼瞧也认得出。隐夜鸫站立时身姿挺拔，双腿纤细优美，翅膀松弛地搭在身侧，子弹状的喙向上翘起，散发出尊贵和优越的气质。它的身体呈可爱的灰褐色，我的铅笔盒里都找不出一样的颜色来。臀部和尾巴呈红褐色，这个颜色我倒是有好些色调差不多的铅笔。它的前胸点缀着深色的点与线，好似神秘的摩尔斯电码。它有一双微微斜倾的大眼睛，周围环绕着两弯白色新月。

1. 2019年10月20日
   秋季迁徙
   它们回来了！

2. 暗背金翅雀
   – 蜂拥而来
   – 结队而去
   – 贪吃
   – 吃相邋遢
   – 灯草鹀负责善后

3. 隐夜鸫
   我很少见到它，它却飞到浴室的窗台上找种子吃。我从那弯曲的喙、漂亮的圆眼睛和柔软的灰褐色羽毛认出了它。

4. 美人！
   狐色雀鹀
   在窗台上找种子吃。鬼鬼祟祟的，下喙呈黄色。

OCT 20, 2019
FALL MIGRATION

THEY'RE BACK!

LESSER GOLDFINCH
- come in groups
- leave as a group
- voracious
- messy eaters
- juncos eat mess

HERMIT THRUSH
I so rarely see him. But he came to the bathroom window ledge for seed

I recognized him by his curved bill, pretty round eye and soft taupe coat

A beauty!

FOX SPARROW
visits the window sill for seed. Very streaky and with part yellow under bill.

这让隐夜鸫看起来既惹人怜爱又有些傻里傻气。我坐在餐桌旁的椅子上，认出了一只巧克力色的狐色雀鹀，它俯低身子在院子里蹦跶，还不时快速扇动翅膀。它们常常如此，每次只振翅一秒左右，却显出暴躁、好斗、一触即发的架势来，尤其是周围有食物的时候。我画过的鸟没有上千也有数百，我知道鸟的头部有很多棱角，比如沿鸟喙向上突起的部位、眼睛上方的区域、平整的头顶，还有从头顶延伸到脖子和肩膀的斜坡。然而，狐色雀鹀的脑袋看着非常圆。我画的鸟最终之所以都像卡通，是因为我画的是我认为的样子，而非实际看到的样子。狐色雀鹀的脑袋并不是浑圆的。和隐夜鸫一样，我的铅笔盒里也找不出狐色雀鹀身上的主色调来。我不得不叠色——用巧克力色叠一点儿大红色、酒红色、紫色，或者其他我也叫不出名字的颜色。但有些狐色雀鹀呈灰棕色。我便将深棕色和暖灰色混在一起，或者先用灰色打底，再叠一层暖棕色。我试过许多不同的棕色和灰色。我知道羽毛从来不止一种颜色，而是会反射多种色彩。我永远无法调出像鸟羽那样美丽而饱和的色彩。狐色雀鹀

GOLDEN-CROWNED SPARROW LOOKING AT ITS FEET

的前胸是白色的，上面点缀着箭头似的深色花纹。下喙还有一抹黄。

在一遍又一遍的绘画中，我学会了抓住鸟的野外识别特征。要是在别人面前正确认出一种鸟，我会暗暗自豪。但愿别人不会觉得我是在卖弄。就算想卖弄，我也还有很长的路要走。我才刚入门，经常犯错，经常大惊小怪，也经常百思不得其解。我寡闻少见，连寻不寻常都闹不清。但我听说经验丰富的鸟友把暗背金翅雀称作"垃圾鸟"，因为它们数量太多，太常见了。我还听到有人把家麻雀称为"废鸟"，因为它们和紫翅椋鸟一样，是外来入侵物种。我能理解这种反感。外来鸟侵占了本地鸟的栖息地和资源。但我还是会感到不适。

我还是个观鸟新手，每只鸟我都乐于见到，即便是那些常常得见的鸟。我很高兴它们能来，很高兴它们愿意造访我的院子，只待几分钟也好，待一整天也罢，连续数周乃至数月每天都来也无妨。我反倒特别喜欢那些一年四季天天都在的鸟，比如冠山雀和山雀。我希望我能永远保持惊奇。

1. 盯着自己脚看的金冠带鹀

2019年10月21日

砰,一声沉痛的闷响。我的心碎了。一只隐夜鸫撞上了窗户,那扇窗户上脱落了两张防撞贴纸。我在这栋房子里住了六年半,这是我亲眼看到的第六起死亡事件。每一次我都痛心疾首,也越发坚定地要想办法防止鸟撞。这并非易事,因为我家一楼几乎三面都是玻璃,形成了一个开放空间,客厅和餐厅都在这里。早在痴迷野生鸟类之前,我就梦想着把房子建得像鸟巢一样,如浮在树梢间的空中亭台。我们成功建造出了这样的房子,成功得过了头。有时,院子里新来的鸟会误以为能从房子里面飞过去。幸运的是,鸟撞事故只发生在一面。不幸的是,正是我每天观鸟的那一面,也就是餐厅外后院那一带。

为防范鸟撞,我贴过万圣节的蜘蛛网窗花,又黑又丑。但鸟还是会撞到窗户上,只是撞得没那么厉害罢了。不再是砰的一声,而是啪的一声。多数鸟立马就能自己飞走。我买来树叶图案的UV反光贴纸,但偶尔还是能听到啪的一声。于是,我又买了更多UV反光贴纸。我还买了一个万圣节的面具，希望鸟会避开人脸。有些人可能认为，一年撞死一只鸟并不算多。我看到过一个帖子，说他家每天都能见到好几只鸟撞窗而死。但对我来说，死一只也是多。这太惨痛了，我内疚得要命。

我把最近发生的这例死亡事件告诉了贝恩德·海因里希。他说，他的小屋位于缅因森林深处，一种迁徙的森莺——橙顶灶莺，有时会撞上屋里的一扇窗户。他说，这种鸟飞得很低，善于迅速提速，迎头撞上窗户往往致命。但凡发现动物尸体，他都会借此机会研究食腐动物的行为，任凭来的是乌鸦也好，蛆虫也罢。所以我也想利用这个机会学习。我捡起了那只隐夜鸫。它的身体还有温度，软绵绵的。我仔细研究了它头上错综复杂的羽毛，不同部位的羽毛会顺着不同方向排列。它胸前的那些斑点，我以前只远远见过，原来也有规律可循，并非胡乱点缀而已。这些精巧的细处让我更喜爱这只鸟了，也让我越发伤感。我照着它的样子，把它画了下来。它双眼紧闭，脚已经僵硬，一只翅膀上的羽毛都松散开来了。纵然死去，它依然是只美丽的鸟。

我不忍心把它扔进垃圾桶，也很犹豫要不要把它放在野外，沦为捕食者的食物。万幸加州科学院鸟类和哺乳动物馆的馆长杰克·丹巴彻（Jack Dumbacher）表示，他很乐意下周来取走这只鸟。于是，我小心翼翼地用纸巾把它包了起来，放进塑料保鲜盒里。冰箱里原本就有三千只活面包虫，现在又多了一只死掉的隐夜鸫。等到了加州科学院，一位刚从康奈尔大学毕业的学生会给它剥皮，做

OCT 21, 2019

HERMIT THRUSH

WINDOW STRIKE FATALITY OCCURED WHERE TWO UV DECALS HAD FALLEN OFF, ACCORDING TO JACK DUMBACHER AT CALACADEMY. THRUSHES OFTEN VICTIMS

RIP HERMIT THRUSH
BELOVED
OCT 21, 2019

OF SIX FATALITIES IN SIX AND A HALF YEARS, THREE WERE HERMIT THRUSHES. THEIR ACCELERATION MUST BE FASTER THAN MOST.

NOTE: DORSAL MIDLINE DISTRIBUTION OF FEATHERS

CONSOLATION
THIS BIRD WILL GO TO CALACADEMY TO BE PRESERVED AND STUDIED

HEAD FEATHER PATTERN HAS MULTI-DIRECTIONAL PATTERNS AND "SPOTS" FALL INTO LINE + NOT COMPLETELY RANDOM.

填充，标明发现它的日期和地点。这只隐夜鸫将成为他们的科学收藏，永久保存。它将献身于一项它想象不到的崇高事业，于我亦是一种慰藉。

1. 2019年10月21日
   隐夜鸫

2. 两张UV反光贴纸脱落，导致一只鸟撞窗而亡。加州科学院的杰克·丹巴彻说，鸫经常这样死去。

3. 安息吧
   亲爱的隐夜鸫
   逝于2019年10月21日

4. 六年半内发生的六起死亡事件中，有三起遇害的都是隐夜鸫。它们的加速度可能快过大多数鸟。

5. 注意：背中线羽毛的分布

6. 慰藉
   这只鸟将被送往加州科学院进行保存和研究。

7. 头部的羽毛
   图案沿不同方向分布，"斑点"也排列有序，并非毫无章法。

2019年10月29日

> 隐夜鸫很少飞进后院,一般也不造访喂食器。
>
> ——康奈尔大学鸟类学实验室

今天,一只经常来我后院的隐夜鸫,花了大约两个半小时试图闯入三个喂食器。我给它拍照时,它一反常态,不仅一点儿也不胆怯,眼睛还直勾勾地盯着我。它看着其他鸟钻进笼式喂食器,也想跟在它们后头进去,却不知该如何挤进网格。它可能是因为身长腿长,钻不进去。不过金冠带鹀体长和它差不多,腰身还胖一圈,却能轻松进出。我认为隐夜鸫的问题出在姿势上。它和丛鸦一样,习惯站得笔直,不知该如何蹲下来,挤进狭小的空间。

我饶有兴致地看着它尝试各种战术。它落在一个喂食器的盖子上,低头窥探笼子里面。它在顶上绕了一圈,变换着角度往里瞧。然后,它跳到了一架蜂鸟秋千上,秋千上装饰着一颗红色玻璃珠。起初,它站都站不稳,但摔了三四次后,它学会了保持平衡,停在秋千上。秋千旁边还有一个笼式喂食器，隐夜鸫伸长脖子去够笼网里的种子。接着，它对头顶上那颗红色玻璃珠产生了兴趣。它可能以为那颗玻璃珠是浆果，隐夜鸫都爱吃浆果。它又试着落在一个防松鼠喂食器上，喂食口敞开着*，它只需在小栖杆上站稳就行。但它不知道栖杆的用途，歪着身子降落，结果掉了下去。

我在喂食器下方的花盆里，放了些活面包虫。金冠带鹀、加州唧鹀、斑唧鹀、暗眼灯草鹀等其他喜欢在地面觅食的鸟纷纷为之疯狂。但那只隐夜鸫仍只对上面的喂食器感兴趣。如此专注，如此坚定。

习惯在地面觅食的鸟怎样才能学会在枝头觅食呢？为什么这只隐夜鸫要如此执着地去做它平时不做，也不容易做到的事？明明在地上就能轻易获取同样的食物——葵花子和活面包虫，它为什么非要选择这种更困难的方式？它是少不经事没有经验吗？它是在迁徙途中，对这些不熟悉但好像可以吃到的食物产生了好奇吗？好奇心和毅力对鸟儿的生存概率有多大影响？

我对隐夜鸫刮目相看了。它们并不胆小，藏形匿迹。它们是打破陈规的独行侠。

---

* 松鼠的体重会把这种喂食器往下压，使得喂食器的保护罩下移，从而挡住喂食口。

HERMIT THRUSH GOES ROGUE

OCT 29, 2019

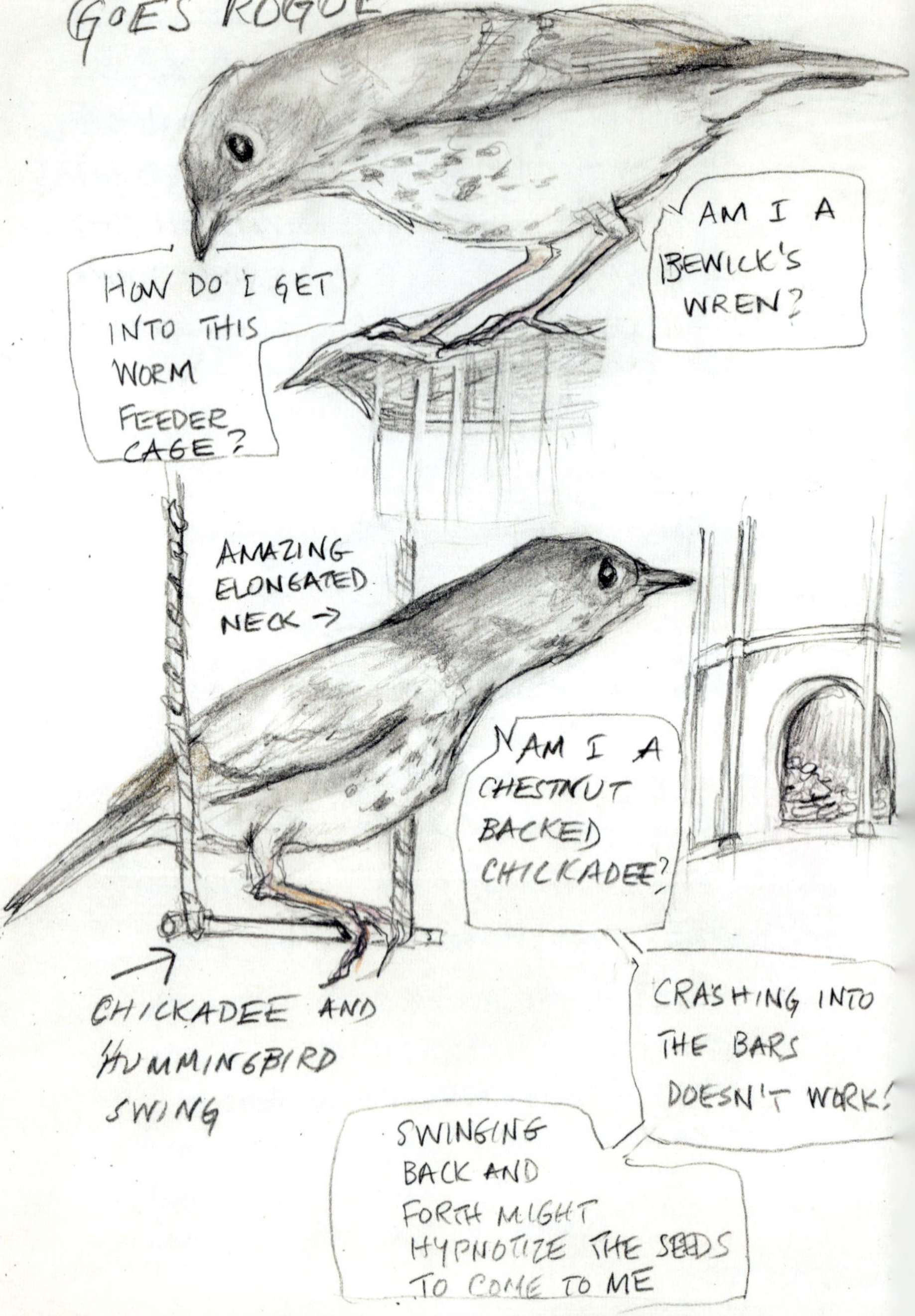

	1	
3		2
4		
5	6	

←

1. 2019年10月29日
   叛逆的隐夜鸫

2. 我不是比氏苇鹪鹩吗?

3. 我怎样才能钻进这个装着虫子的笼式喂食器?

4. 惊人地伸长了脖子

5. 山雀和蜂鸟的秋千

6. 我不是栗背山雀吗?
   这笼网硬闯是不行的!
   干脆来回摇晃,催眠那些种子,让它们乖乖到我这儿来。

2019年11月9日

　　随着迁徙的鸟儿大量回归，我又添了一些喂食器，分放在四处：庭院、阳台、工作室外的门廊，以及浴室窗户的另一侧。四川葵花子，辛辣咖喱迷你油脂丸，农场养殖的面包虫，素花蜜，辣味油脂块，坚果、零食与昆虫混成的杂糕，蓟种子盛宴，野生鸟混合粮，阿拉斯加风味饮用水……这些都是我走火入魔的迹象。

　　虫碗里的虫子每天都要补，种子喂食器里的种子隔几天也要补一次。我现在每周要订购五千条活面包虫，然后花一个多小时，将它们装进保鲜盒。为避免吸入它们蜕皮的碎屑，我全程戴着手套和口罩。虽然我已经这么做过无数回了，但虫子在我手中蠕动的感觉，还是那么令我毛骨悚然。我能感觉到它们想逃跑。它们知道自己接下来的命运。

　　蜂鸟喂食器隔几天就得消次毒（天气炎热时更频繁），然后装入新鲜花蜜。清洗七个喂食器需要一个小时。喂食器不见了，蜂鸟会很不安。它们会坚持不懈地飞回之前挂喂食器的位置去找。

我最喜欢的喂食方式是把种子撒在浴室的窗台上。所有在地面觅食的鸟都会光顾这个窗台，然后就有戏看了。鸟儿纷纷从山茶花丛中飞出来，好像戏剧演员从幕后走上台来。一队斑鹀、一对灯草鹀、一只我从未见过的鸟。今天，窗台上还来了只白冠带鹀，这是我今年见到的头一只。一院子的鸟，就数它身上的条纹最白、喙最黄。光是能看到这只鸟，就值得我花这么多时间和金钱，招待这些浑身羽毛的食客了。

Nov 9, 2019

DUSK SPECIALS

SPICY SUET
Just like the stuff mom used to throw up for you. Includes seeds, insects, and nasty mealworms. ☆ MIGRATORY STAR AWARD ☆

NUTS & CHEWS & BUGS
Winner of the 2018 Scrub Jay Award for Best Loot. Bugs, fat, seed, graines and lots of cayenne seasoning.

NYJER NIRVANA
If you're a busy finch and have no time to catch, order some of our G.M.O. thistle. A crowd pleaser.

GRAINES POUR OISEAUX SAUVAGES
If you're feeling sauvage come have a beakful of millet.

"ALASKAN TASTE" WATER "Dunk 'n Drunk."
Why go all way north for melted ice cap? We have floods of water

Great for pigeon parties

Good for bathing an drinking

	1
	2
	3
	4
7	5
	6

←

1. 2019年11月9日
   黄昏特色菜

2. 辣味油脂块
   还原儿时妈妈反刍给你的味道，内含种子、昆虫和恶心的面包虫。
   候鸟明星餐

3. 坚果、零食与昆虫杂糕
   荣获2018年丛鸦最爱掠夺奖
   富含昆虫、脂肪、种子和谷物，辅以大量辣椒调味。

4. 蓟种子盛宴
   如果你是只忙碌的燕雀，没有时间自己觅食，请订购我们的转基因蓟种子——口碑之选。

5. 野生鸟混合粮
   向往原始风情，来啄一口菽粟吧。

6. 阿拉斯加风味饮用水
   豪饮首选
   何苦远赴北方去寻融化的冰盖？
   这里就有取之不竭的水源！

7. 鸽类聚餐佳肴
   沐浴饮用两相宜

2019年11月11日

有好几个人问我能否单独认出院子里的某只鸟来。我认不出,就算认出来了也不是很有把握,除非那只鸟缺了条腿,或者没了尾巴,或者全院这个品种的鸟就它一只。不过,这个问题让我开始思考,我怎么就没想到要单个单个地认一认那些鸟呢,这样我就能叫出它们的名字,跟它们打招呼了。"嘿,你好啊,比氏苇鹪鹩·贝蒂!"我之前从没想过要给它们起名字。即便我像喂宠物鸟一样规律地给它们喂食,我却很喜欢它们的野性。它们不属于我。

不过,现在来了这么多鸟,我很想准确地知道,每种鸟每天来了多少只。如果我在后门廊上看到三只纯色冠山雀,我怎么才能知道这是不是刚才在院子里的那三只。如果雄鸟和雌鸟的羽色不同,我倒是可以靠性别区分一些鸟。还有一些鸟举止比较特别,也能认出来。比如,我把种子撒在窗台上,率先飞来的要么是只深色的雄性灯草鹀,要么是只没有在这一季繁殖后代的金冠带鹀。事实上,有时它们一看到我的脸就会过来。我要多留意,看看每天早上来的鸟是不是都是那几只。可是，要不了几秒钟，其他鸟也齐齐拥到窗台上来了，让人感官过载，无从分辨。凭鸟的身形大小来区分并不可靠，身形可是会变的。大的那只之前可能还很瘦小。山雀就很难区分，它们来得快，去得也快，而且数量众多。暗眼灯草鹀很常来，会在喂食器或浴室的窗台上停留四十五到六十秒不等，观察时间很充裕。我决定从这些灯草鹀入手，创造一种认识每一只鸟的方法。起码，我可以用这个方法区分雌雄。我设计的方法主要靠辨色，很适合拿来认灯草鹀。它们的身体结构很简单，而且不同身体部位都有特定的颜色。我画了几只大小略有差异的灯草鹀作为模板，只大致勾了个轮廓。然后，我制作了一个调色板，列出了深浅不一的粉色、桃色、棕色、灰色、黑色等等。我打算比照六个部位的颜色：头部、胸部、翅膀、背肩部、尾巴和胁部。我认为我还应该记录它们脑袋上兜帽的长度，是只到喉咙还是延伸到了胸部，因为这是个区分雌雄的好方法。有了这套办法，我就能够根据现场的观察，迅速把鸟的颜色填入模板。

结果这套办法一塌糊涂，一点儿也不实用。我涂色涂得不够快。我忘了记下兜帽的长度、腹面的颜色。谢天谢地，我不是科学家。也许我可以简化一下，像西布利那样速记，比如深色成年雄鸟、浅色成年雄鸟、烟灰色成年雌鸟，再增加一些变化，用以描述幼鸟和初次越冬的鸟。但这么看来，所有暗眼灯草鹀都像是套着黑色长兜帽的雄鸟。我还想过要不主要注意观察每只鸟的整体形态——重视完形。但鸟不会只关注彼此的大致形象，就像我不会认为所有亚洲人都和我长得大同小异。对鸟而言，认清彼此的体形和颜色很重要，因为这可能关系到争夺食物、领地和交配权。颜色较深的鸟可以赶走雌鸟和年轻雄鸟吗？如果两只雄鸟相争，其他雄鸟能凭借它们的羽色分辨出哪只更占优势，还是说，竞争优势体现在脚的大小、胸前的羽毛数量，或者其他我无从分辨的因素上？鸟儿到底看到了些什么呢？

我越发觉得有必要认清每只鸟的颜色。我看到有些灯草鹀会聚在同一个地方合作觅食，每只相距不过6至8英寸。它们的羽色都差不多吗？里面既有雄鸟也有雌鸟吗？年轻雄鸟颜色更浅吗？我感觉我仿佛在整理抽屉里的袜子，只找得到单只的，怎么都凑不成一对。

我还打算继续琢磨一下金冠带鹀的竞争优势。据说金冠带鹀雌性和雄性羽色相当，但雄性体形稍大一些。在我看来，这看法并不实用。我看到过各种体形的金冠带鹀。如前所述，鸟是会变的，而且我还觉得鸟的体形变化不仅仅与性别有关。脑袋上颜色最醒目的

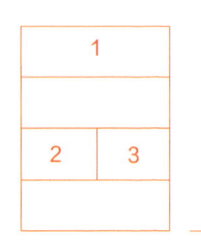

1	
2	3

1.2019年11月11日
到底有多少只灯草鹀？
靠颜色差异识鸟

2.脑袋的颜色延伸到胸部

3.只到喉部

Nov 11, 2019

HOW MANY ARE IN THE JUNCO CLAN?

Determining by color variation

HEAD COLOR EXTENDS TO BREAST

STOPS AT THROAT

金冠带鹀往往更具竞争优势，具体而言，就是黑色的侧冠纹（眉纹）最粗和头上的金冠最亮。再者，这些都是繁殖羽的颜色，相较那些长着棕色眉纹、头顶只有一点儿黄斑的金冠带鹀，长着繁殖羽的金冠带鹀年纪更大。竞争优势和羽色会随年龄变化，我倒是可以理解。但是，同龄两只鸟的金冠与黑眉会有明显不同吗？

此外，我该把哪些行为算作支配行为呢？一只鸟可能会把另一只鸟从窗台上赶走。但我的出现可能会左右哪些鸟留在窗台上。有些鸟和我比较熟，隔着窗户看到我，也不会逃走。于是，地位较低的鸟反而可能继续留在窗台上胡吃海塞，地位更高的鸟却在附近的树枝上火冒三丈，只等我离开，便来显威风。

我真的能够多掌握些知识，认出一只鸟来吗？我无法分辨每只鸟，是不是就像白人觉得亚洲人都长得一样？鸟能认出同一地区里的其他同类吗？它们看到了哪些我们人类看不到的细节？它们能认出自己成年的后代或者一窝生的手足吗？它们能认出每个繁殖季的配偶吗，能认出我吗？也许我应该先想想，它们为什么要记住一只鸟或一个人。

2019年11月14日

今天也如常开始了。在本店喂鸟的特惠时段，浴室窗边的山茶花丛里热闹非凡，聚集着雀鹀、山雀、金翅雀，还有无处不在的金冠带鹀。我站在浴室窗前，注意到了一只鸟，我觉得是只未成年的白冠带鹀，喙很特别，是黄色的。我很熟悉这种鸟，去年我曾细细地给它画过一幅肖像，知道它的羽色与成鸟不同。几个小时前，我就看到过这只鸟，当时它和五六只金冠带鹀一起在后门廊上啄食掉落的种子。现在，它正栖在牧羊钩旁的一根树枝上，离我这扇窗户约1.5英尺。成年白冠带鹀是黑眉白冠，这只却不一样，长着红褐色的眉纹，头顶和面部呈灰褐色。我喜欢画未成年的白冠带鹀，因为我觉得它们比颜色扎眼的成鸟更漂亮。

我仔细观察着窗边的这只鸟。它的脸实际上比灰褐色更灰一些。它是只歌带鹀吗？我立刻排除了这个可能。这只鸟并不像歌带鹀那样脸上有灰、白、赤褐三色，每种颜色都泾渭分明。而且歌带鹀的喙是灰色的，不是黄色，胸部布满条纹，不似它这么干净。这只神秘的鸟朝我这边转了过来，然后我看见它干净的胸脯上点缀着很有代表性的黑斑。我感到一阵晕眩！这是只美洲树雀鹀。怎么可能呢！这种鸟整个西海岸都见不到，更别说我家后院了。我盯着它看了十秒，将我看到的那些显著的野外识别特征大声说了出来，好加深记忆，然后赶紧冲到隔壁房间去拿相机。没有照片，别人不会信我。但等我回来时，鸟已经不见了。我迅速画出了刚才用排除法辨识这只鸟的过程，按理说我本不该看到它。

我之所以很清楚这种鸟的样子，也是有根可循的。去年在纽约，我仔仔细细地画过一次美洲树雀鹀，希望能在中央公园里见到它们。为了画画，我研究了好些照片。我还很关注报道它们迁徙路径的新闻。但最终无缘得见，我离开纽约时，它们才刚迁徙到波士顿，没有再往南飞。在窗边看到那只鸟后，我找出了去年画的那张详图。我方才看到的黄色的喙，实际上是两种颜色——上喙灰，下喙黄。但我注意到的其他特征都准确无误。这种鸟在东海岸很常见，但要是这只真和我想的一样，那在加州就是罕见的迷鸟[*]了。我打开 eBird 应用程序，想看看有没有人报告过这种鸟。没有。我犹豫了一会儿要不要报告，我知道要是上报，一定会被管理员标记出来。果然，立马就被标记了。我告诉他我没有照片，我以为他会就此忽略我的报告。但他发现我画的草图比照片还顶用，因为我画下了我在那数秒内考虑过的每种鸟的多个野外识别特征。喜人的是，我从管理员

---

[*] 指偏离自身迁徙路线的迷路鸟。——编注

那里得知，他也在雷耶斯角发现了一只美洲树雀鹀，但还没有上报。那只鸟混在一群金冠带鹀中间，这就佐证了我的说法，有只美洲树雀鹀飞到了我的院子里，和一群金冠带鹀一起。铁杆观鸟爱好者纷纷涌向雷耶斯角，专程去寻找这只明星迷鸟。但再也没有人见过它。飞来我院子里的就是那一只吗？管理员说有可能。一只就已经很罕见了。要是不止一只，就更稀奇了。短短两年前，我还根本发现不了它。不知这只鸟去过多少户人家的院子，那些人都没注意到这群不起眼的小褐鸟吗？

现在问题来了：为什么这只迷鸟会出现在加州北部？为什么它会出现在我那满是树木和花丛的院子，浑不似它偏爱的栖息地——像雷耶斯角那样生着低矮灌木的旷野？而且尽管它叫美洲树雀鹀，可笑的是，它一般并不栖息在树上。它是因为年纪轻轻，跟错了鸟群吗？那群金冠带鹀南迁的时候，它就跟着走了？它还会继续跟着它们吗？那群带鹀容得下它吗？雀鹀能认出周围的鸟不是自己的同类吗？要是不请自来，雀鹀在群体里会百依百顺吗？这只雀鹀会继续留在加州北部，在其他地方被人看见吗？如若不然，它为什么要离开？如果它真留下来了，等到北迁返回夏季栖息地时，它又会跟着金冠带鹀回阿拉斯加或加拿大北部吗？那儿还有其他美洲树雀鹀吗？还是说，它会去其他地方找自己的家，和同类待在一起？它会因迷失方向而死掉吗？这么多问题，我能不能知道哪怕一个答案也好？

目前，我只能全凭想象。我倒是挺擅长这么做。毕竟，小说里到处都是迷失的灵魂。

	1
3	2
5	4
6	

→

1. 2019年11月14日
   神秘小鸟

2. 浴室窗边的花丛里全是雀鹀。

3. 未成年的白冠带鹀?
   我看到一只鸟生着黄色的喙,头顶呈红褐色。啊哈!这是一只未成年的白冠带鹀。我可见得多了。

4. 歌带鹀?
   但很快我发现它的脸颊(颧骨)有些灰蓝色,像是歌带鹀。但歌带鹀的喙是灰色的,而且身上有明显的纹路。我看不到这只神秘小鸟的胸部是否有条纹。

5. 双色喙
   中了迷鸟头彩!
   美洲树雀鹀

6. 紧接着它转向了我这边,我看到了它胸前的斑点,是美洲树雀鹀——罕见的迷鸟!

MYSTERY BIRD
11/14/19

The bushes by the bathroom window were full of sparrows!

WHITE-CROWNED SPARROW IMMATURE?

I saw one with a yellow bill and then a rufous crown. Aha! An immature white-crowned sparrow. I had seen many

SONG SPARROW?

But then the cheeks (malar) had a more grey blue, like that of a Song Sparrow. But the bill was grey and it had a more defined pattern. I couldn't see if the mystery bird breast was streaked

BICOLOR BILL

VAGRANT JACKPOT!

AMERICAN TREE SPARROW

And then it turned toward me and I saw the breast spot. AMERICAN TREE SPARROW — a rare vagrant!

2019年11月22日

  我看见一只狐色雀鹀停在窗台上，起码一连五分钟一动不动，哪怕我就在附近。这些雀鹀原本也不会轻易被吓跑。但这么长时间都不动，就不太正常了。我走近窗户，低头看去。它的右脚被什么东西缠住了。它的脚趾上就跟粘着口香糖似的，半只脚都被紧紧地裹成了一个拳头。左脚也受了些影响，但没那么严重。它是踩到树胶或口香糖之类黏糊糊的东西了吗？还是说，它是从北方的大火中飞出来的，不慎落在滚烫的树枝或藏有余火的泥土上，烧焦了脚？我设想了各种可能，唯独不愿去想更糟糕的情况：一种传染病——禽痘。

  狐色雀鹀低头看着自己的脚，似乎想弄清是什么阻碍了它的行动。它身体肿胀，又动弹不得，这只鸟显然很难受。很疼吗？不过，还有个好迹象：它在大口大口地进食。它跳到地面上，站立或行走都显得有些笨拙。它的臀部很脏，我觉得它走路可能得拖着身子。由于它惯于在地面觅食，不善攀缘，这种状态对它来说非常不利。

这种鸟会在落叶堆里穿梭，用脚刨昆虫吃，还会利用地面的遮蔽物藏身，在地面或树底隆起的树根间筑巢。但要是地面潮湿，必须栖在树上保持干燥的话，这只鸟该怎么办？它能长时间栖在树枝上睡觉吗？拖着那双变形又无法弯曲的脚，它显然在树上停不了多久。像是为了反驳我，它飞了起来，落在附近山茶花丛的枝头上。一分钟后，它又飞回了窗台。它就这样在花丛和窗台之间来回飞了至少三次——三次，只是我当天路过时碰巧看到的次数。依我看，一整天下来，它可能这样来回飞了数十次。

要是禽痘，我就应该停止喂食，免得这只鸟和其他鸟再来。院子里至少还有两只狐色雀鹀，而且许多其他鸟也会飞到窗台来觅食。虽然鸟得了禽痘不一定会死，但会传染。据说得了这种病几周就能自愈。不过，要是禽痘长在脸上，妨碍了视力或进食，鸟就可能饿死，也容易成为鹰的猎物。但要是它真是受伤了，比如北方大火造成的烧伤，而我不再喂食，那它就会失去赖以生存的食物来源。

我设法捕捉那只狐色雀鹀，送去野生动物康复中心。但它仍能够飞起来，躲开我。我只能万分艰难地做了一个决定，停止喂食。我喷洒了2%的过氧化氢溶液，给窗台消毒，避免传染。要是那只狐色雀鹀再飞回潮湿的窗台上，消毒剂或许也能帮到它。

鸟能经受的，令人惊叹；经受不住的，令人哀叹。但愿这只鸟能令人惊叹。

Nov 22, 2019

The Sad Story of the Fat Bird

Whenever I see a puffed up bird, I know I am seeing a bird who may be sick or injured

GUM OR ? AVIAN POX

FOX SPARROW

DISTORTED FOOT / FEET

He came and sat on the sill eating seeds, unable to walk. He shuffled and hopped

Dirt on back end.

GROWTH ON BOTH FEET

At one point, he looked down at his foot. Was it painful? Was he wondering what was on his foot? He can still fly and even perch.

But ~~In~~ thinking he drags himself on his bottom or belly. He has dirt clinging at the back. He depends on easy food and goes to the sill often.

```
|   1   |
| 2 | 3 |
| 4 |   |
|   | 5 |
|     6 |
```
←

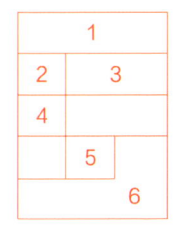

1. 2019年11月22日
   小胖鸟的悲惨遭遇

2. 每次见到羽毛膨胀的鸟,我都知道这只鸟可能病了,可能受伤了。

3. 狐色雀鹀
   口香糖还是禽痘?
   变形的脚

4. 它飞过来,坐在窗台上吃种子,无法行走。只能拖着身子,单脚蹦跶。

5. 屁股很脏
   两只脚上都有增生物

6. 它低头盯着自己的脚看了片刻,是很疼吗?它在疑惑自己脚上究竟长了些什么吗?它依旧能飞,甚至还能攀住树枝,但走路得拖着屁股或腹部,屁股上沾满了脏东西。它靠吃现成的食物为生,频频飞到窗台上来。

狐色雀鹀

2019年11月28日，感恩节

上午十一点半，大批鸣禽涌向喂食器，好像黑色星期五当天的顾客，疯狂"抢购"特价虫子。下午三点半，又上演了一次大"抢购"。院子里聚集了十五只有余的金冠带鹀，还有一小群栗背山雀、小鸭和暗眼灯草鹀，一只隐夜鸫、一只狐色雀鹀、一只白冠带鹀、四只黄眉林莺、几只暗背金翅雀、两只纯色冠山雀、一只绒啄木鸟、几只安氏蜂鸟——三雄一雌，还有一只罕见的美洲旋木雀。鸟儿在院子里飞来飞去，一头扎进灌木丛，又忽然蹿出来，在花架间飞奔。无不兴奋极了。波波顺着台阶跑来，狂吠不止，仿佛一路大喊"各位，我来啦！"，大约有十只鸟一下子冲出了灌木丛。不过，随后又飞了回来。和往常一样，它们并不真的害怕这只四磅重的"走地狗"。但它们能四散开来，给波波一个惊喜，真是太贴心了。

我感谢这些鸟经常光顾我的院子，感谢它们今天来了这么多。这个感恩节，我特意多备了些面包虫和油脂，设宴答谢它们。

THANKSGIVING GUESTS
THANKS TO THE BIRDS WHO CAME TO MY BACKYARD IN 2019

WOODPECKERS AND BROWN CREEPER REMIND ME OF ROACH AS THEY SCURRY ACROSS TREE TRUNKS. THIS DOWNY WAS ON A MASSIVE LIMB THAT GIVE CLUE TO HOW SMALL IT IS, 6"-8". IT ATE IN BARE SPO BETWEEN LICHEN. WHAT ARE THE RED TR VEINS? CAPILLARY SYSTEM? DISEASE

DOWNY WOODPECKER

WHEN ONE DARK-EYED JUNCO COMES, THREE SOON FOLLOW

```
| 1     |
|---|---|
| 3 | 2 |
| 4     |
```
←

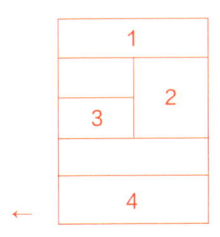

1. 感恩节来客
   感谢2019年来过我家后院的鸟儿

2. 绒啄木鸟和美洲旋木雀在树干上东蹿西跳的样子，让我想起了蟑螂。这只绒啄木鸟停在一根粗大的树枝上，显得格外小巧，它身长不过6至8英寸。它专挑没有地衣的光秃秃的地方觅食。树上那些红色的脉络是什么？树的毛细血管？还是生病了？

3. 绒啄木鸟

4. 只要来了一只暗眼灯草鹀，很快就会有三只接踵而至。

2019年12月4日

　　我刚开始对鸟产生兴趣时，在脸书的一个观鸟群里问过，该在喂食器里放什么食物喂雀鹀。一位专家草草答说：所有雀鹀都习惯在地面觅食，不吃喂食器里的东西。他建议我买本鸟类指南，学点基础知识（意思是，不要问这类常识性的问题）。我不过才开始观鸟，他的话让我觉得自己很蠢。每每涉足我不太了解的领域，遇上头衔很多的人像这样生硬地答疑，我常有这种感受。好在大多数爱鸟人士，都对观鸟新人很友好。事实上，我私下见过的每个观鸟和记自然日志的人，都对初学者极其友善、耐心无比。他们乐于培养他人对鸟类的热爱。

　　那位头衔很多的专家说得对。雀鹀习惯在地面觅食。它们到处啄食，刨土。但有一天，我突发奇想，或许可以循序渐进地训练地面觅食的鸟学着使用笼式喂食器。我用12×12英寸的网格板做了一个方方正正的喂食器，放在地上。雀鹀只要克服了进入封闭空间的恐惧，就能轻易吃到里面的食物。放好了笼式喂食器，雀鹀就来了，用活面包虫做诱饵尤其管用。久而久之，我把喂食器挂了起来，在底部增加了一个塑料板，这样雀鹀就能站在上面，像在地面一样。它们几乎立马就开始进入这些喂食器吃食。然后我取掉了底部的那块平板。它们照样钻进笼子里吃食，还学会了抓住笼网，站在碗沿上。最终，它们开始造访我从商店里买来的喂食器，带栖杆的那种。它们学会了新的行为。受到诱导，它们也能适应。它们并非天生缺乏这种能力，也没有生理上的障碍使得它们无法停在栖杆上进食。所有地面觅食的鸟都学会了使用喂食器——各式各样的雀鹀无一例外，包括胖乎乎的加州唧鹀，乃至鬼鬼祟祟的狐色雀鹀。狐色雀鹀还在笼子里欺负其他雀鹀呢。

　　但要是反过来又如何呢？我注意到，那些使用喂食器的鸟从不在地面觅食。燕雀、冠山雀、山雀和䴓都是如此。这是为什么呢？地面觅食的鸟和吃喂食器的鸟在分类学上同属雀形目，它们的典型特征在于趾型，三趾向前，一趾向后。（这种趾型我已经画过几千次了，却依然很难把握脚趾攀住树枝和杆子的样子。要是鸟站在平实的地面上，脚就好画多了。）如果这些小鸣禽的脚都长得差不多，那么是出于什么原因，我把同样的食物放在地上，吃喂食器的鸟却不来吃呢？它们只要跳下来，不就得了？啄食平地上的种子，对山雀和冠山雀来说，不就像在高枝上一样简单，不是吗？我能不能再设计一个循序渐进的学习过程，比如，把食物放在喂食盘里，然后一点点降低盘子的高度，直到完全放在地面上。如果我最终把盘子撤走，它们能否自行学会最后的一小步，直接在地上进食？如果我取

DEC 4, 2019

GROUND FEEDERS IN MY YARD ALSO PERCH BUT PERCHERS DON'T GROUND FEED. HOW EASY IS IT TO LEARN EITHER?

DARK-EYED JUNCO IS A GROUND FEEDER BUT PERCHES ON MY FEEDERS. NO "FANCY" PERCHING

HOOKED 1ST TOE TO BAR

— WHAT IS OTHER TOE DOING?
— HANGS LOOSELY

GRASPS 2ND BAR

I'M MOTIVATED BY WORMS!

I'LL TRY ANYTHING TO GET FOOD BUT THE PERCHES ARE TOO SMALL

BAND-TAILED PIGEON

OAK TITMOUSE USES ALL FOUR TOES TO GRASP ONTO BARS AND THIN BRANCHES. HE IS A BORN PERCHER AND APPEARS TO ME TO BE SHOWING OFF ACROBATIC UPSIDE DOWN OR EVEN SIDEWAYS PERCHING, HE LANDS ON SLIPPERY BARS, BUT ALSO FEEDS ON THE SILL

OTHER SMALL BIRDS HAVE VERSATILE PERCHING SKILLS, e.g. NUTHATCHES THAT HANG UPSIDE DOWN OR SIDEWAYS, AND CHICKA-DEES THAT GO BACK & FORTH FROM TREE TO PERCH OFTEN

	1	
	2	
3	4	6
	5	
	7	8

1. 2019年12月4日

   我家院子里在地面觅食的鸟也会上栖杆，但栖鸟不愿在地面进食。这两种习性学起来容易吗？

2. 暗眼灯草鹀在地面觅食，但也会落在我的喂食器上。它们不会"花哨"的攀缘技巧。

3. 第一趾钩住栖杆

4. 另一只脚趾在做什么？

   脚趾松松地挂着

   抓住第二根栖杆

5. 我这都是为了虫子！

6. 为了食物我什么都愿意做，但那些栖杆也太迷你了。

   斑尾鸽

7. 纯色冠山雀会用四只脚趾抓住栖杆和细枝。它是天生的栖鸟，在我看来，它还在炫耀自己的能力，耍杂技似的来个倒挂或者侧挂。它能站在光滑的栖杆上，但也会飞来窗台觅食。

8. 其他小型鸟也深谙多种攀缘技巧，例如，鸫能倒挂或侧挂，山雀则会频繁往返于树枝和栖杆之间。

下其他所有的喂食器,只留下地上的那些,它们会学得更快吗?

有一次,我看到一只纯色冠山雀叼着四五条面包虫,打算回巢。但它刚准备起飞,有一两条面包虫从它的喙里滑了出来,掉到了地上。纯色冠山雀低头看了看面包虫掉哪儿去了,然后——"哦哟,可惜,但也没什么大不了的"——它就飞走了,没有去捡。我也见过暗眼灯草鹀遇到类似情况——贪多,却漏了一两条面包虫。但它们是在地面觅食的鸟,每次都会飞下来捡。

它们不愿意这么做,或许与自保的本能有关。或许是那些喜欢栖在喂食器上的鸟,天生很警惕开阔的地面。或许是它们的脚比在地面觅食的鸟的更小巧柔弱,因此难以迅速从地面起飞,逃避捕食者。又或许是因为它们无法快速跳跃。我注意到,在地面觅食的鸟擅长沿着栅栏顶部奔跑,寻找最佳位置,一跃落到喂食器上。但实际上,只是看着像跑,它们并不能像人类和渡鸦那样双腿双脚交替运动。地面觅食的鸟靠快速的连续跳跃移动,速度极快,跳得极低,看起来就好似连贯奔跑。相比之下,要是冠山雀或䴓落在栅栏上,它们的下一个动作就是飞到喂食架上,然后再飞到某个喂食器上。虽然雀鹀的体形比冠山雀和䴓要大,但有些鸟不在地面上觅食,并不是纯粹因为体形小。比氏苇鹪鹩的体形就比冠山雀还小,它上能栖于喂食器,下能在地面觅食,还能飞快地在院子里跳来跳去。

我何以痴迷于这些问题呢?也许多少有些逆反心理,我想证明那位头衔很多的大人物说错了。

2019年12月9日

寻找鸟儿,就好像在玩"瓦尔多在哪里?"*。只有鸟儿四处活动,树枝也随之摇颤,我才比较容易发现它们。一旦清楚地看到一只鸟,我就会先粗略地画个草图,也常常拍照,以便日后能补足绘画的细节——虽然是刻舟求剑。不过,记自然日志,我觉得有必要把当时的环境也画下来。环境能很好地表明鸟儿当时在做什么,又为什么要这么做。

为什么很关键。将行为置于环境中,我才能理解这只鸟。只是说起来容易,做起来却很难。环境很不好画——山茶花丛、能看见鸟儿身影的树叶间隙、不同树种、树叶与鸟的相对大小、天气、温度、时段,所有这些都可能影响鸟的行为。花丛我应该画出多少来?上午十点的景象不似下午三点那般热闹,因为鸟儿喜欢在日落前出来饱餐一顿。仅凭铅笔素描,我怎样才能表达出这种种要素?

---

* 一款著名的考眼力游戏,主人公瓦尔多总是藏身于各种拥挤的场景中,玩家需要仔细观察,从中找到他。

刷牙时，透过浴室窗户，我能看到许多不同的鸟藏身在外面的山茶花丛中，我决定试着描绘一下那种感觉。我没有细致地描摹鸟和叶子，只用石墨涂了块灰色调的背景板。然后，用一块小橡皮擦除部分颜色，显露出叶子和鸟在山茶花丛中的轮廓来。有鸟的地方，叶子会稍显不同。那就是鸟儿在哪里的线索。

别人称赞我或其他人画的鸟时，会说"比奥杜邦*画的还好"。但他们没想过，奥杜邦所做的可远不止给鸟添上羽毛这么简单。他致力于完成绘制美国所有鸟类的壮举，他追踪它们的踪迹，描绘它们的栖息地和特殊习性。他画象牙嘴啄木鸟扯下一棵枯木的树皮，好吃掉藏在缝隙中的昆虫。他画一对哀鸽在圆果紫茎白色的花丛间求偶。我画的鸟则落在千篇一律的万用树枝上，周围也都是些无法辨认的万用树叶。我还差得远呢。关键倒不在于如何把那些枝叶画得更好，而在于要更深入地了解鸟类及其在世间的位置，以此入画。

---

* 指约翰·詹姆斯·奥杜邦（John James Audubon），美国著名画家和博物学家，对后世的野生动物绘画产生了深远影响。

1.2019年12月9日
灯草鹀在哪里？

2.我看到了什么

有时我只顾着要把画画得漂亮，以至于将描绘的对象从环境中剥离了出来，而这才是寻找鸟类的实际所见。

"WHERE'S JUNCO?" 12-9-19

WHAT I SAW

Sometimes I get caught up in creating the pretty picture, and I take my subject out of context. This is what it's really like looking for birds.

DARK-EYED
JUNCO

暗眼灯草鹀

2019年12月21日

实况解说！窗台大战正趋于白热化。参战者包括：暗眼灯草鹀、暗背金翅雀、狐色雀鹀、白喉带鹀、黄眉林莺、金冠带鹀，还有出人意料的竞争对手隐夜鸫，它已抛却了喜欢隐遁的天性，现在是后院和浴室窗台的常客。今天的胜者将包揽我堆在窗台上的所有葵花子。

战斗打响了。暗眼灯草鹀从牧羊钩上跳了下来，旁若无人地吃着一粒种子。金冠带鹀出其不意地跳起来，从侧面来了一记飞踢，惊飞了灯草鹀。另一只藏在灌木丛中的金冠带鹀，悄悄地落在了第一只金冠带鹀身后，谨慎地跳着脚，逐渐逼近。但狐色雀鹀突然神兵天降，赶走了那只鬼鬼祟祟的金冠带鹀，还有它原本的目标。一秒钟后，这只金冠带鹀又回来了，落在狐色雀鹀旁边，吓得它逃进了山茶花丛。这只金冠带鹀四处蹦跶，大啖葵花子。它昂首挺胸，扬起眉毛（眉纹），立起羽冠。刚一转身，差点迎面撞上隐夜鸫，吓得仓皇而逃，但一秒钟后又飞了回来。苗条的隐夜鸫生着一双细长

1	
2	
3	4
6	5
	7

1. 2019年12月21日
   跨鸟种窗台大混战

2. 暗眼灯草鹀快活地啄食着葵花子，丝毫没有察觉自己的冒失。
   金冠带鹀

3. 你个消极抵抗的懦夫。
   攻方
   · 拉长身形
   · 耸起羽冠
   · 俯身
   · 跳跃式前进
   然后飞向隐夜鸫

4. 守方
   · 昂首挺胸
   · 目光对视
   · 随后背过身去
   我们可不兴这么说。我们是鸟。
   隐夜鸫

5. 金冠带鹀振翅冲向隐夜鸫，隐夜鸫随即飞走了。
   隐夜鸫

6. 羽毛硬挺
   抬高眉羽，使得羽冠高耸

7. 这是慢放视频时逐帧观察发现的。

THE WINDOWSILL WARS
INTERSPECIES AGGRESSION

12-21-19

DARK-EYED JUNCO BLITHELY EATS SUNFLOWER CHIPS UNAWARE OF ITS FAUX PAS.

GOLDEN-CROWNED SPARROW

Passive aggressive wimp

AGGRESSIVE
- ELONGATED NECK
- HIGH CREST
- LOW POSTURE
- ADVANCES IN HOPS THEN FLIES TOWARD HERMIT

DEFENSIVE
- STANDS TALL
- MAKES EYE CONTACT, LATER TURNS AWAY

We don't use terms like that. We're BIRDS.

HERMIT THRUSH

GOLDEN-CROWNED CHARGES BY FLYING TOWARD HERMIT THRUSH AND HERMIT TAKES OFF.

STIFF FEATHERS — RAISES SUPERCILIUM TO CREATE HIGH CREST.

HERMIT THRUSH

← Observed in slo-mo video, frame by frame.

的腿，站姿挺拔，它拉长身子，高扬着喙，透出一股傲慢的做派。它开始扇动翅膀，是因为激动，还是在向对手发出防御或攻击的信号？二者即将展开最终较量。金冠带鹀扎了一个水平的马步，蹲低身子，伸长脖子，仿佛是颗鱼雷。它拍打着翅膀向前跳跃。隐夜鸫发出警报声，也可能是一声惊叫？它做了个奇怪的举动，突然转身背对金冠带鹀。这是鸟在展现优越，还是表示臣服？它是在避免眼神接触，和带鹀讲和，好留下来吗？隐夜鸫吃了几粒种子，但不管它拿尾巴冲着对手究竟意欲何为，都没有捞到多少好处。金冠带鹀把它推下了窗台，开始品尝胜利的果实——一堆堆葵花子——但只享受了几秒。一只雄性珠颈斑鸠跳上了窗台，金冠带鹀挪到了窗台另一头，观察动向。一秒钟后，斑鸠先生的妻儿老小都在窗台上坐定了。金冠带鹀被挤了出去。随后，十二只斑鸠开始胡吃海塞，在窗台上不停啄食，脑袋和浑身的羽毛抖得堪比速记员在打字。叮！用餐完毕！不出三分钟，种子一扫而空。

  这是一场完胜。本届窗台大战的冠军：斑鸠家族！不过它们离开后，我会拿出更多种子安慰其他输家。

金冠带鹀

暗眼灯草鹀

2020年8月30日
暗背金翅雀

斑尾鸽

加州唧鹀

比氏苇鹪鹩（刚会飞的幼鸟）

短嘴鸦

西丛鸦
2020年3月30日
（居家第21天）

2020年1月1日

一年来，我时不时会听到阵阵有节奏的"打字声"。一天下午，我的自然日志导师菲奥娜来访，我让她听那个声音，她立刻告诉我那是红冠戴菊。她说，根据声音的方向判断，应该就在橡树顶那一带，那是它们的常见栖息地。我终于在油脂喂食器旁看到这种小黄鸟时，它只停留了不到一秒，就"噌"一下飞走了，回到了橡树的枝叶深处。整整一天，它都这样逗引我的好奇心，可每当我惊讶得下巴都快掉下来时，它一眨眼就不见了踪影。

12月28日是索萨利托的圣诞鸟类普查日[*]，我和菲奥娜、她的母亲贝丝，以及我们的领队兼朋友鲍勃·阿特伍德（Bob Atwood）一起参加了活动。在贝克堡附近观完鸟后，我们决定去我家吃午饭，但愿能再多发现几只鸟，加入统计。刚进大门，我们就看到左边一

---

[*] 即奥杜邦圣诞鸟类普查，是一项传统野生动物普查活动，已举办了124届。活动期间，数万鸟类爱好者会参与整个西半球的鸟类普查。每个普查区域以一个直径15英里的圆圈为限，参与者负责统计当天见到或听到的所有鸟类，最终将结果提交给奥杜邦学会，以备研究和保育之用。

January 1, 2020

For a year, I heard it as a typing sound — chk! chk! chk-chk! — no ring. I saw its bouncing movement within trees. On Dec 28, it came out onto the feeder.

RUBY CROWNED KINGLET

YELLOW "BOOTS"

CHK! CHK! CHK!

I have never seen the ruby crown.

It loves suet!

It was constant bouncy movement in a tree.

棵小树上有些什么东西在轻轻颤动。一只红冠戴菊和一只隐夜鸫，正在那儿吃浆果呢。两只鸟都踮着脚尖，喙一个劲儿地往上伸，去够那些还差一点儿就要够到的浆果。我兴奋得肾上腺素飙升。那只戴菊离我如此之近，我几乎能摸到它。我这才头一遭把它看清楚了！不知为何，我欣赏它那双圆滚滚的大黑眼时，它并没有飞走。它的眼圈是白色的，好似活生生的卡通人物。我们把这两只鸟也算进了圣诞普查中。

从那天起，这只戴菊每天都会出现在装油脂块的喂食器旁。我有预感，还会有更多新鸟前来。我无法命令它们前来，所以当它们真的来了时，我总觉得充满希望。这种希望，足可克服我有时对地球未来的恐惧。

1. 2020年1月1日
   一年来，我一直听到一种打字机似的声音——喊咔！喊咔！喊咔！喊咔！——却没有换行的铃响。我看见有什么在树上蹦跳的动静。12月28日，它出现在了喂食器上。

2. 喊咔！喊咔！喊咔！
   "黄靴子"
   红冠戴菊

3. 我之前从没见过红冠戴菊。
   它超爱吃油脂！
   它不停地在树上蹦跶。

2020年1月7日

我的生物学家朋友露西娅·雅各布斯（Lucia Jacobs）跟我说，她目前在研究"食物充裕"的松鼠，意思是那些松鼠囤的食物多得吃不完。每只松鼠每年能在不同的地方储藏一千多份食物。它们需

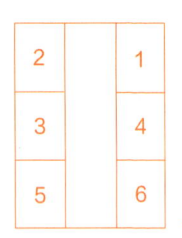

1. 2020年1月7日

2. 觅食行为
   非繁殖期

3. 为什么我这儿的纯色冠山雀这么少呢？只有三只。但它们哺育了一大群宝宝。不知多数是死了，还是离巢了？

4. 纯色冠山雀
   去年就数它们最能吃面包虫——一次要叼走四条才甘心。如今它们只会叼颗种子回树上吃，一天也只来几回。

5. 雄性纯色冠山雀不允许其他雄性进入自己的领地吗？

6. 暗眼灯草鹀
   它们吃掉的面包虫数量和纯色冠山雀不相上下。但灯草鹀数量众多。也许灯草鹀喜欢群居，而纯色冠山雀多在自己的领地内活动。集群真的更安全吗？

FEEDING BEHAVIOR
non-breeding

JAN 7, 2020

Why are there so few oak titmice. Only three. Yet they were feeding an army of babies. Did most die or leave?

OAK TITMOUSE

Last year they were one of the most voracious eaters of mealworms — trying to carry four at a time. Now they take a seed to the tree & eat it. Come only a few times

Do male titmouse allow no other males [in] their [te]rritory?

DARK-EYED JUNCO

They ate a similar number of mealworms. There are many juncos. Perhaps juncos are socially in groups, whereas oak titmice are more territorial among their own. Is safety in numbers true?

VORACIOUS MIGRANTS

THEY ARRIVED HUNGRY AND NEVER STOPPED EATING.

TOWNSEND'S WARBLER

REMAINS ON SUET UNTIL BIGGER BIRD CHASES IT AWAY

SUET LOVER

I DON'T KNOW WHY IT TOOK ME SO LONG TO REALIZE THE MIGRANTS EAT THE MOST AT ONE SITTING. THEY ARE STOCKING UP ON FAT, I'M GUESSING, TO PREPARE TO MIGRATE BACK NORTH THOUSANDS OF MILES AWAY. THAT'S WHERE THEY NEST. WILL MY FEEDERS MEAN MORE WILL SURVIVE THE LONG JOURNEY?

要记住这些食物的位置，以便日后找回。我不需要成为科学家，也知道松鼠记忆力惊人。松鼠一旦知道如何闯入喂食器，就永远不会忘记该去哪里吃快餐。

露西娅还想研究丛鸦的记忆能力，它们的记性与松鼠不相上下。我读到过西丛鸦会储藏大量橡子。有数据显示，它们每年储藏的橡子多达3500至6000颗。真是不可思议。哪个研究员去数的？丛鸦为什么要藏数以千计的橡子？既如此，它们为什么还要花这么多时间闯入我的喂食器，不去收集自己的宝藏呢？也许我应该庆幸它们宁愿在我的喂食器上浪费时间，而非在我的绿屋顶上种下更多橡子。百年之后，屋顶上的橡树林还不把房子都压塌了？

我看到丛鸦从郁郁葱葱的枝叶上掰下橡子，用喙敲打。它们是否知道自己收集的食物已经够多了，至少可以暂时放慢脚步，乃至停止收集了呢？我对所有会储藏食物的鸟，都有这么个疑问。还是

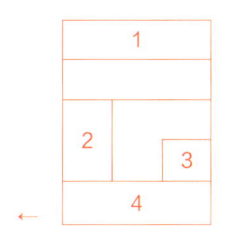

1. 贪吃的候鸟
   它们抵达后饥肠辘辘，一刻不停地吃东西。

2. 黄眉林莺
   除非有大鸟赶它走，否则就一直在那儿吃油脂。

3. 最爱油脂

4. 我也不知道为什么我过了好久，才注意到候鸟能一口气吃这么多。我猜它们是在储存脂肪，为日后迁徙数千英里回到北方做准备。它们只在那儿筑巢。我的喂食器能帮更多候鸟完成这趟长途吗？

181

说，只要找得到食物，它们就会一直囤积？为什么不囤呢？它们又不能指望人类靠得住——她可能又要去纽约、去中国了。松鼠或其他鸟类还可能偷走它们的储备粮。一阵狂风也可能让它们倾家荡产。所以，最好也从喂食器里偷些粮吧。

现在是冬天，金冠带鹀整天都待在喂食器旁大吃特吃。我花了一段时间，才明白它们为什么如此贪吃。它们和黄眉林莺、狐色雀鹀一样是候鸟，飞越数千英里才来到这里。抵达时，自是饥肠辘辘。它们需要补充能量来换羽，换成亮丽的羽色，打扮一新。它们要为春天返回北方故土储备能量。但也不能增重太多，否则影响飞行。

常年在这里筑巢和生活的一些小鸣禽，如今不似春季育雏时来得那般频繁。但它们还是会把食物衔回树上，尤其是和罐装薄荷糖一般大的迷你油脂丸，它们能轻松地用小小的喙夹住这些丸子。它们一定在树洞里囤积了好些油脂丸。喜欢在树洞里筑巢的鸟都可能囤食：冠山雀、山雀和鸭。不知它们能往树洞里塞多少食物？如果一个洞里塞满了油脂丸，它们会另找个洞继续塞吗？一旦遭遇高温或下雨，这种含油的食物就不好保存了。我花了一大笔钱，结果可能只是让鸟儿把五棵橡树的树洞都塞满发霉的油脂丸。在我的想象中，鸭在树上的巢穴，就像我出远门回来后的冰箱一样。"哇噢，真恶心，那坨黏糊糊的绿玩意儿是什么？"

2020年1月14日

群鸟惊慌失措。山雀发出了警报,其他鸟也竞相惊叫起来。我跑到玻璃门前一看,顷刻间,鸟儿纷纷四散而逃,光是暗背金翅雀就飞了大约百来只。它们数量太多,推挤间有一只甚至撞到了木栏杆上。此前,我一直以为我家院子里顶多就二十多只金翅雀呢。

然后,我看到了它们惊慌的原因:一只鵟朝金翅雀刚刚逃离的那棵橡树扑了过去。这只鵟体形比库氏鹰还要大。看那身深棕色的羽毛,我觉得它不是红尾鵟就是赤肩鵟,这两种鵟体形都太大了,根本不屑理会这些体重只有三分之一盎司*的小山雀和小金翅雀。显然,这些小鸟也看出自己并不在这只鵟的菜单上。鵟还在树上走动,一些小鸣禽就飞回来了,停在附近,继续叽叽喳喳地聊天。我觉得这些小鸟相当聪明,它们待在这棵树上,鵟不会吃它们,它们的天敌纹腹鹰也不敢靠近。

---

* 1盎司合28.35克。

1. 2020年1月14日
   一只鵟的来访
   是红尾鵟还是赤肩鵟？

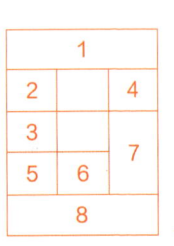

2. 大家伙儿赶紧到另一棵树上去。

3. 大约二十五只暗背金翅雀齐齐冲出橡树，飞离喂食器。

4. 仓皇之间，一只暗背金翅雀还撞上了木栏杆。

5. 我能干掉它！
   波波，只有四磅重的宠物狗

6. 哇噢！波波赶紧回屋去！

7. 我是鵟的最爱！
   偷拿的油脂丸

8. 来的是只赤肩鵟，落在橡树的枝干上。鸟儿四散而逃，警报声此起彼伏。鵟摆动着尾巴，低头盯着下方的常春藤，里面有老鼠吗？

184

A Hawk Pays a Visit

14 Jan 2020

WHICH? RED-TAILED OR RED-SHOULDERED

EVERYONE HEAD TO ANOTHER TREE

IN A PANIC, ONE LESSER GOLDFINCH FLEW INTO A WOOD RAIL

ABOUT 25 LESSER GOLDFINCHES FLEW OUT OF THE OAK & FROM FEEDER

HAWKS LOVE ME!

WOW BOBO! GO INSIDE!

I'LL KILL IT!

→ STOLEN SUET BALL

BOBO, FOUR POUND DOG

IT WAS A RED-SHOULDERED HAWK. IT LANDED ON A LIMB OF OAK. ALL BIRDS SCATTERED. THERE WERE MANY WARNING CRIES. HAWK WAGGED TAIL, LOOKING DOWN AT IVY BELOW. A RAT?

休息了十分钟后，鵟飞到了一棵光秃秃的树上，距离很远。一些鸟便又飞回了喂食器。我用望远镜观察这只鵟，还拍了些照片。它大部分时间都在向下张望，可能是搜寻常春藤里的老鼠。我把我那只四磅重的小约克夏梗关进了屋里。它太重了，鵟倒是叼不走，但要是红尾鵟，降落时爪子还是可能抓伤小狗。不过，换作美洲雕鸮的话，就能轻而易举地抓走我的狗。我有个熟人，她的约克夏梗就遭遇过这样的事。黄昏时分，我在院里的橡树间听到过鸮叫，那呜呜的声音正是美洲雕鸮。虽然我从未亲眼见过它们，但每次晚上放狗出去，我都格外小心。我给它们穿上防狼背心，背部和颈部都带有尖刺，我也会陪在它们身边。狗身上布满起起伏伏的银色尖刺，看着好似一只金属豪猪，还是去狩猎老鼠为妙。

当天晚上，我比照着鸟类指南中的图片，仔细观察了我拍的那只鵟，最终确定来访的猛禽是赤肩鵟。它主要的野外识别特征是头部有浅棕色条纹，肩膀呈红褐色，红褐色的胸脯上还有细细的白色横纹。它的体形不到红尾鵟的一半大。像大多数没什么经验的观鸟者一样，我也不太能准确判断野鸟的体形大小。出于兴奋，我往往会夸大它们的体形。不过，我已经过了那个会把鵟看成雕、把红头美洲鹫看成加州兀鹫的阶段了。

我很高兴我们这里有赤肩鵟。它真的很美，还不会伤害我的狗，小鸟也不怕它。唯一惶恐不安的只有老鼠。

2020年3月9日

疫情封控，我们都得居家。所有东西似乎都成了传播疾病和死亡的载体——生活日用品、门把手、他人。但鸟儿不是。它们是慰藉。

我并不介意待在家里。我很庆幸家里有个院子，院里的鸟丝毫没有察觉到现在的异样。它们正忙着为筑巢季做准备呢。今天，我听到了各种各样的鸟鸣。雄鸟靠唱歌展示它们身怀优秀的基因。我以前以为纯色冠山雀只有一种叫声，就是那种刺耳的责骂声。但现在春天来了，它们增加了求偶的曲目，旋律优美动听。其中有首歌嘹亮高亢，尤其引人注意。鸟友间流传的记忆口诀是："彼得！彼得！彼得！"那是什么意思呢？"嘿，姑娘们，看看我吧。我是彪悍的面包虫猎手，可以保护、喂养你和宝宝，还会清理粪便哦。"

我发现了一只显然已经找到伴侣的纯色冠山雀。我知道它是雌鸟，因为它正在收集巢材，这是雌性冠山雀的工作。冠山雀会相伴终身，不知它和它的伴侣去年是不是也在院子里筑过巢。今天，它落到了喂食架上，我在那儿系着一个装满羊驼毛的藤球，这是我家

> NESTING SEASON has started, as did THE SHUTDOWN

MARCH 9, 2020

An Oak Titmouse sat on the twig ball of llama's fur that Kathy G. gave me. She plucked some wool out and seemed almost to be eating it — testing its durability & ability to handle dampness?. Satisfied she pulled out wool FIFTEEN TIMES then flew up to a branch in the oak tree. She must be almost done building her nest since lining it would take place at the end.

的兽医凯西送的礼物。它扯出了一些毛来。起初，它看着像是要吃掉这些毛絮似的。先是用喙叨住一点儿，然后用脚反复地来回拉拽。我猜它可能是在测试这些羊驼毛的拉伸性、蓬松度和防潮性能。它很满意，于是往外扯了大约十五次，终于扯出了一团和它差不多大的毛球。它飞了起来，像一朵飘浮的小云。我眼看它落到橡树的一根粗枝上，随后消失在了茂密的树叶间。它应该已经找到了一个深得可以做巢的树洞，而且很可能并不是在我看到它落脚的那个位置。铺绒毛是冠山雀筑巢的最后一步。收集羊驼毛，意味着它的巢穴建设就要完工了。它即将开始产卵，然后在接下来的两周里孵蛋。雏鸟孵出后，它和伴侣就要忙着育雏了，它们也会吃到我的高价油脂丸和面包虫。如果一切顺利，再过一个月，我就能看到这只冠山雀领着幼鸟来造访面包虫喂食器了。

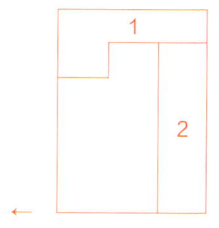

1. 2020年3月9日
   筑巢季开始了，封控也开始了

2. 一只纯色冠山雀落在了装着羊驼毛的藤球上，那是凯西送我的。它扯了些毛絮出来，看起来像是要吃掉似的——结果是在测试这些毛絮是否经用，是否防潮。觉得满意后，它一连往外扯了十五次，然后飞到了橡树枝上。想必它的巢即将大功告成，因为铺巢是最后一步了。

2020年5月12日

今天,飞来了四只毛茸茸的纯色冠山雀幼鸟,这是个好迹象,表明亲鸟(和我)努力喂雏鸟面包虫的辛苦付出,都得到了回报。仅仅三天前,这些幼鸟还只能完全仰仗父母提供食物。而今天我就已经看到,这四只幼鸟正在学习该如何进入装着面包虫的笼子。不过,它们仍然会追在父母身后乞食。一只亲鸟领着幼鸟来到笼子前,叼出一条面包虫来。幼鸟都兴奋不已。谁能第一个吃到呢?但亲鸟飞走了,没把面包虫给任何一只幼鸟。被扔下的幼鸟各自坐在喂食架的几根挂杆上哭喊。这爱真严厉啊!

当天晚些时候,一只幼鸟低头窥探着笼式喂食器,但没有尝试钻进去。有时它脚下一滑,还会从喂食架弯曲的挂杆上掉下来。亲

1. 亲鸟叼来了五条面包虫,幼鸟会感恩吗?

2. 恩美姨姨会让你们更容易找到食物的。75% 的幼鸟活不到成年。

3. 再有几天,这只幼鸟就得自力更生了。许多小鸟都会饿死。

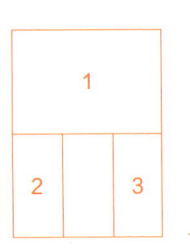

Parent brings five mealworms. Is baby grateful?

Godmother Amy will try to make food easy to find.

75% OF BABIES DIE BEFORE ADULTHOOD

In another few days, this fledge will have to fend for itself. Many young birds starve.

鸟飞了回来，先后五次钻进笼子，叼面包虫喂给这只幼鸟。如果一只幼鸟一次就能吃掉五条面包虫，那么要喂养四只幼鸟，亲鸟一天需要带回多少条面包虫呢？成鸟飞走了，幼鸟却迟疑了一分钟，显然很害怕，然后才飞过去与父母会合。我想，用不了几天，这只幼鸟就得被迫独立生活了。

这些幼鸟一整天都在吃东西——面包虫、迷你油脂丸和葵花仁。它们的嗉囊总是装得满满的，想必父母喂养它们时就是这样。所有的事物对它们来说都新奇无比，食物也不例外，我看到它们在钻研哪些东西可以吃。一只幼鸟嘴里叼着一条面包虫，虫子扭动了起来，它显然吓了一跳。惊慌之余，幼鸟把面包虫扔到了空中，眼看着虫子掉到地上，跟坐在高脚餐椅里的婴儿没什么两样。然后它又从碗里叼起了一条面包虫。

我读到过，幼鸟离巢的头三周最是危险。如果前两周它们没有从父母那里学足知识，就很容易饿死或沦为捕食者的美餐。75%的幼鸟无法存活到成年，而其中40%都死于离巢头三周。为了独自生存，它们必须学会在树枝间翻找昆虫，甚至学会捕捉飞行中的昆虫。我看着它们在树上学习这些技能。面包虫可以尽量避免它们在关键的学习期内饿死。我给庭院的阳伞挪了个位置，这样从库氏鹰和纹腹鹰栖息的地方，就看不到喂食器和水盆了。我还给这些幼鸟讲了一个警示故事，一只小鸟在空地上坐了二十分钟，哭着喊着要妈妈回来，结果只有鹰听到了它的哭声。我嘱咐它们，不要让我伤心。

2020年5月16日

今天早上,院子里几乎空空如也。空荡荡的院子透着阴森,好似不祥之兆。没有了往常在石板路上跳来跳去的可爱小鸟,唯有三只老鼠在石缝间探头探脑。笼式喂食器里的食盆空了。我加了几块油脂。一小时后,先回来了几只鸣禽,接着又陆续回来了不少,纯色冠山雀、栗背山雀、小䴓、暗眼灯草鹀、加州唧鹀、斑唧鹀和比氏苇鹪鹩都成双成对。它们频繁往返于喂食器和周围的树木之间,一定是在给雏鸟喂食。我翻看了去年的自然日志,发现截至2019年5月14日,这些鸟每天总共要吃掉五百到一千条面包虫。我没有面包虫了,但还有很多油脂。我把油脂块碾碎,方便亲鸟取食,不劳它们自己啄碎。它们似乎都很喜欢这样,不停往嘴里塞碎块,把嗉囊都塞满后,才会再衔起一大块,带回不知建在何处的巢穴中。

卢驱车15英里送我去"野鸟无极"买活面包虫。我看到店里还有其他顾客,大家都戴着口罩。我们没有相互打招呼。现在是非常时期。谁都可能携带着那种带刺的RNA病毒。我们都居家五周了,

Chestnut-Backed
Chickadee
Backyard Chronicles
5-16-20

出来一趟很不容易。我们这些痴迷观鸟的人都先把必须买的东西放在柜台上,然后继续逛一逛我们并非必需的东西,新款防松鼠喂食器、给鸮用的人工巢箱、书、双筒望远镜以及各种杂物。除了葵花仁、种子和油脂,我决定给我的鸣禽吃点红花籽,换换口味。我买了许多牛油做的油脂丸,还有五千条活面包虫,不过这些可能连一周都撑不过去。但我不能再买了,冰箱里放不下。当然,我可以再买一台冰箱放车库里。我还想过自己养殖面包虫。但这两样都太耗时,而且太走火入魔了。于是,我给隔壁的九岁男孩提出了一个商业建议,跟他说可以靠养殖面包虫赚点小钱。我负责购买,他就有了固定客户。我还补充说,观察面包虫成长也很有意思。他能学到一些非常有意思的科学知识。怎奈他妈妈不同意。

1. 栗背山雀
后院观鸟
2020年5月16日

2020年5月22日

　　今天很暖和，为减少碳排放，我们特意建了一栋没有空调的房子。为了凉快些，我把两边的折叠玻璃门都完全推开了，这样一楼就像一个敞开的凉亭。鸟儿也可以随意飞进飞出。我就坐在餐桌旁，但愿它们不敢近前来，疫情期间，这张餐桌已经成了我的工作室和观景台。

　　那四只小纯色冠山雀里，有一只已经成了"孩子王"了。几天前，我注意到它总是第一个飞来，站在喂食架的立杆顶上，尖声尖气地呼唤其他几只幼鸟，"呲咔-呲咔"，随后还会发出各种责骂般的叫声。它倾身向前准备起飞时，兄弟姐妹全在一旁看着，其中一只也往前倾了倾，但又吓得缩了回去。"孩子王"一跃而起。"看，很简单吧，死不了。"兄弟姐妹很快便都放心地跟了上去，一只接一只。若有手足跟它争食，"孩子王"会发出愤怒的疾呼。

　　现在，这些幼鸟在喂食器、庭院家具和栅栏上四处活动，好像小孩在攀爬架上玩耍一样。它们从一个高处飞往另一个高处——从橡树飞到栅栏上，又飞到牧羊钩的弯杆上，再飞到休闲椅的椅背上，最后飞到悬在杆子上的小秋千上，这个小秋千是它们进入喂食器的桥梁。"孩子王"信心十足，很是显眼。它中途很少停下来休息，能够准确无误地飞到笼子上，一把抓住笼网。这只幼鸟今后也会一直领导其他鸟吗？鸟儿的支配关系就是这样建立起来的吗？它比其他鸟更聪明，还是更强壮？它是第一个离开巢穴的吗？它最勇敢吗？对鸟来说，怎样才算勇敢？

面包虫是它们最爱的食物，它们一次能吞下四条，跟人类吸面条似的。离开笼子时，它们总会再带一条面包虫回树上。这是黄昏时的小点心。第一次吃葵花仁时，它们反复弄掉葵花仁，我猜，它们其实不怎么乐意吃。相比亲鸟塞给它们的活虫和反刍的食物，种子的口感一定太硬了。

一只幼鸟用喙叼着葵花仁，然后向后仰头，像以前等待亲鸟投喂一样。它显然还不知道该如何松开喙，吞下种子。它一松口，种子就掉了。接着，它看到旁边一只山雀把一粒种子放在两脚之间，用喙啄击，啄成方便食用的小碎块。这只冠山雀立马捡起掉落的种子，有样学样！

看到一只幼鸟学着模仿另一种鸟的动作，我很惊讶。这只冠山雀还看到一只体形大得多的加州嘲鸫，跳进花盆里翻找食物。这只幼鸟也照做不误，在花盆里发现了一粒黑色的大种子，可能是丛鸦从橡子里掏出来的。它叼起这粒种子，努力张大嘴，种子也只能卡在嘴里——太大了，咽不下去。它把种子夹在两脚之间，用喙啄击，

5-22-20

How Baby Birds Explore

- Play follow the leader
- Jump from place to place
- Slip down shepherds hook
- Peer into feeders

Try to eat something too big

Balance on everything

Is it alive?

Investigate things that move and things that don't — but might move later

Call for parents to bring food.

	1	
2		3
4		5

←

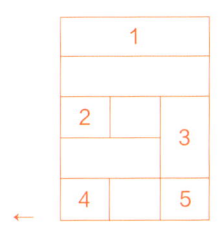

1. 2020年5月22日
   幼鸟如何探索世界

2. – 跟着"孩子王"走
   – 四处跳来跳去
   – 从牧羊钩上滑落
   – 窥探喂食器

3. 想一口吃成个大胖子
   什么都要试试站不站得稳
   这个是活动的吗?

4. 钻研一切会动和不会动的东西——但那些
   不会动的,隔会儿可能就会动了

5. 嚷着要亲鸟投喂

但没能啄开。它扔掉了这粒吃不了的种子，随后又找到了放在碗里的油脂，轻轻松松就啄下了一些来。我相信，要是面包虫吃空了，油脂就会成为它的最爱。

我也是它们的一堂必修课。这些幼鸟一直把我看作这个院子的一部分。我是个不会飞的动物，常坐在那扇大玻璃门旁边，有时也会走出门来。它们把我和面包虫联系在一起，还没等我填满喂食器，它们就开始"呲咔-呲咔"叫个不停，然后在3英尺外的栅栏上候着。栗背山雀、比氏苇鹪鹩和小䴓则站在栅栏后面的细枝上。起初，它们还会等我离开才跳下来，钻进笼子里。但现在多少已经习惯我了，我还在往碗里装食时，它们就进来了。

今天，我正坐在桌边，有只小冠山雀飞进了一楼的大房间。它飞到了房间另一头的窗户边，我松了一口气，它没有撞上去。它试着顶开窗户，继而无力地瘫在窗台上，羽冠丧气地垂着，紧张得闭不上嘴，尾羽也散开来了。我用纸巾把它包起来，带它到外面去，它一直很乖很安静。我一打开纸巾，它就飞走了。不出几秒，它又出现在喂食器旁，一边吃着种子，一边盯着我。"你真勇敢。"我冲它做了口型。

冠山雀四剑客今后也会一直一起造访庭院的喂食器吗？它们能从手足身上吸取教训，不再飞进屋子里来吗？它们何时才能学会那首满是"彼得-彼得-彼得"的绕梁之音呢？当它们的世界还只有一个蛋壳大时，亲鸟总为它们唱起这首歌。

2020年5月31日

渡鸦会和同类一起玩特技飞行取乐。海鸥会轮流冲浪。乌鸦会从结冰的屋顶上滑下来。而在我们的院子里，一些鸣禽会玩挂在牧羊钩上的铁丝秋千架。

刚看到一只灯草鹀在秋千架上时，我还拿不准它是不是在玩，因为有些鸟会把秋千当垫脚石，然后把身子探进面包虫喂食器里。它们还会停在秋千上排队，等着吃面包虫。但仔细观察后，我发现这只灯草鹀会用力地落在横杆上，让杆子晃动起来，然后有意挺胸向前，促使秋千来回摆动，后来的一些鸟也会这样。它们如此反复了好几次。一只雄性灯草鹀先是站在横木杆上，然后又站到了缠着铁丝的秋千架上。这只灯草鹀不断向前挺胸，但秋千并没有像它站在下方的横杆上时那样晃动。它就此放弃了这个新玩具。

起初，那几只小纯色冠山雀会踩着秋千钻进面包虫喂食器。它们脚下还不太稳，但仍会特意走到秋千上，然后起码待个十秒，才能想出下一步该怎么做。现在它们已经会直接飞进笼式喂食器了，不过仍会去秋千上玩一会儿。小鸭和栗背山雀也会荡秋千，只是不太频繁。我之所以知道这些鸟是在玩，是因为它们荡完秋千后会进入笼子里，但不取食就又跳回秋千上，重复刚才的动作。我认为，它们会在自己不断扩大的世界中，不期然地发现一些乐子，就像我们小时候在小溪里蹚水一样。探索哪里有乐趣，本就是一种乐趣。

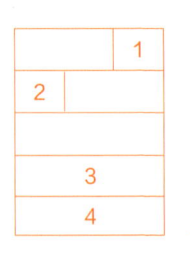

1. 2020年5月31日

2. 灯草鹀、山雀、冠山雀、小鸭和安氏蜂鸟都会来荡秋千。

3. 暗眼灯草鹀

4. 鸟也会玩乐。
   起初，我还拿不准鸟儿是不是只是在秋千上歇脚，但我多次看到它们特意跳上秋千，便越发确信它们是在玩。它们会晃动身体，让秋千荡得更厉害。

5·31·20

Used by juncos, chickadees, titmice, pygmy nuthatch, and Annas Hummer,

DARK-EYED JUNCO

Birds just wanna have fun

I was not sure at first if the birds were using the swing as a rest stop. But the more I watched how they deliberately jumped on, the more I was convinced this was play. They moved their bodies to enhance the swing motion.

2020年6月13日

　　我对乌鸦的态度一度很矛盾。诚然，它们很聪明，解决问题的能力令人惊叹，个性鲜明，颇为有趣，但它们也会吓唬小鸣禽，如有机会，还会吃光所有鸟食，甚至连巢里的鸟蛋和雏鸟也不放过。然而，今天我看到一只乌鸦，在给三只刚会飞的幼鸟理羽和喂食。这一幕很温馨。我不知道照顾这些幼鸟的是母亲、父亲还是稍微年长的手足。我读到过，三者都会照顾幼鸟。鸦科的家庭观，也是我们赏识乌鸦的原因之一。

　　通过阅读，我了解到乌鸦幼鸟的体形为成鸟的80%至100%。我注意到成年乌鸦站立时通常腿比较直，显得更高大。它们的幼鸟很容易区分，喙比成鸟短，还有蓝眼睛和粉色嘴缘。每当它们觉得该轮到给自己理羽或喂食了，就会像调皮的孩子一样张大嘴巴嚷个不停，然而它们基本上无时无刻不觉得该轮到自己了。这些幼鸟如此争强好胜，难以满足，后来竟能乐于参与家庭合作，着实令人惊讶。乌鸦幼鸟是从什么时候开始意识到世界并不围着自己转的呢？

理羽时，幼鸟会伸长脖子，一动不动，成鸟则用喙翻弄它们的羽毛。是在寻找螨虫或松脱的羽毛吗？这种梳理行为是亲鸟表达爱意的一种方式吗？如果每天二十四小时不间断地喂养、清洁、保护、教导和满足宝宝的其他需求都不算爱的话，那人类的爱又是什么呢？照这个模式将心比心，乌鸦还有我见过的所有鸟，都会表现出某种至少可以说是类似爱的行为。还是说，在生物学家看来，它们的这种照料行为是出于本能，无关情感？

成鸟带幼鸟来到了铺满碎石的车库顶。成鸟通常会在我们这片处在边缘位置的屋顶上教幼鸟吃沙砾。屋顶上的沙砾是比沙子稍大一点儿的小石子。我以前一直以为鸟儿吃沙砾是因为饿得慌——多残酷的世界啊。后来我才知道，砂囊里的沙砾有助于消化。想必成鸟一定会劝满脸狐疑的幼鸟："这对你有好处。"我看到三只蓝眼睛的乌鸦幼鸟，在试着吃这些助消化的东西。它们用喙叼起一些沙砾，然后多半是用舌头匆匆舔了一下这些硬邦邦的玩意儿，发现太难吃了，就吐了出来。这些乌鸦很聪明，但人类小孩在吃甜品前也必须先吃掉蔬菜，所以幼鸟也必须学会吃沙砾。至于吃完沙砾后的甜品，成鸟向它们保证，一会儿就去偷袭恩美后院的喂食器。

the CROW FAMILY

MOTHER LOVE AND SIBLING RIVALRY

6·13·20

FLEDGLING has blue eyes and pink gape flanges "baby lips"

mites? loose feathers?

Another fledgling seeks grooming attention

Fledglings are about same size as adults

"Liar! He just ate. MY turn!"

"Wait til Dad gets home"

"I'm starving NOW!"

crop is full?

★ Dad and older siblings bring food, too.

2	1	
5	3	4
6		
7		

←

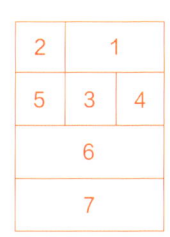

1. 2020年6月13日
   乌鸦一家
   母爱与手足之争

2. 幼鸟长着蓝眼睛和粉色嘴缘,即"婴儿唇"。

3. 是在找螨虫还是松脱的羽毛?

4. 幼鸟体形几乎和成鸟一般大。

5. 另一只幼鸟也想要成鸟给自己理羽。

6. 骗人!它刚刚才吃过,该我了!
   等爸爸回来喂你。
   我饿了!

7. 嗉囊都塞满了?
   乌鸦爸爸和年长的手足也会带食物回家。

1. 2020年6月13日
教小乌鸦吃沙砾

2. 别跟我顶嘴!

3. 我想吃游客的小吃!

4. 吃沙砾对鸟有好处! 砂囊中的沙砾有助于磨碎途经两个胃室的食物。

5. 乌鸦的成鸟与幼鸟站在满是沙石的车库顶。以前,我就见过成鸟在那里教幼鸟吃沙砾,以帮助消化。今天,我看到三只幼鸟在那儿初尝沙砾,但最后吐了出来。

1
2
3
4
5	→

TEACHING BABY CROWS TO EAT GRIT 6·13·20

"DON'T CAW BACK AT ME!"

"I want tourist junk food!"

"It's GOOD FOR BIRDS! GRIT IN THE GIZZARD AIDS IN GRINDING FOOD PASSED IN DUAL CHAMBERED STOMACH"

Adult and fledgling crows standing on car park roof with gravel. In the past, I've seen adults teaching juveniles how to eat grit — good for digestion. Today, I saw three fledges testing gravel, but spitting it out.

2020年7月16日

天气又热起来了，我们把玻璃门推到了底。每次向外望去，我都能看到一对胖乎乎的加州唧鹀在院子里漫步，好似房东在检查房屋的损坏情况。它们会吃掉落在地上的面包虫和葵花子。它们每天都要在那个最大的陶土碟或松石绿的碗里洗好几次澡。

唧鹀是一种雀鹀，在我们的院子里，它们是体形最大的雀鹀，体长9英寸。相比之下，体形最小的雀鹀是暗眼灯草鹀，体长只有5.75至6.5英寸。在这对唧鹀中，有一只无论腰围还是体长都胜过

1.2020年7月16日
加州唧鹀夫妇

2.它们刨土时总是先双脚跳起来，然后向后扒地，将地面的尘土踢飞。

3.一对唧鹀夫妇一天大部分时间都在院子里。它们从顶上溜进喂食器，将虫子扔进下方的花盆，然后跳下去，刨土寻找虫子。

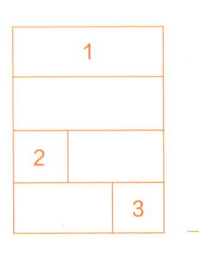

7-16-20

MATED PAIR CALIFORNIA TOWHEE

They dig by jumping up on both feet and kicking backward, sending dirt flying.

A mated pair are in the yard most of the day. They slip into feeder from the top. They drop mealworms into a flowerpot below, then jump down, kick up dirt and find the worms.

另一只，我猜那是雄鸟。它们站在我自制的方形笼式面包虫喂食器的顶上，低头伸进笼子里探查。它们看起来挤不进笼网，但其中一只还是进去了，在里面大快朵颐，其他体形较小的鸟都只能在旁边候着。

加州唧鹀的头有棱有角，我很爱画。先是顺着喙画个微微上翘的角度，然后头顶平平坦坦的，最后沿着粗壮的脖颈向下倾斜，一直到背部。约翰·缪尔·劳斯在课上教过我们，鸟的头不是圆的，从胸部到腹部的那块也不是。要注意角度和骨骼结构。加州唧鹀的羽毛也不是单一的棕色，我在仔细描绘时也观察到了这一点。它们的羽毛杂糅了灰褐色、土灰色和红褐色。橙色的大眼周围还环绕着两三圈羽毛，看起来好似睡眠不足长出的眼袋。

鸟友说，唧鹟会走进他们的家中，巡视各个房间，然后大摇大摆地离开。我还没遇到过这种情况，不过折叠玻璃门打开时，它们会探头探脑地朝房里窥探。也许它们知道里面有只小狗，正好与它们的视线齐平，看着是个威胁。无论我家院里的唧鹟做什么，我都觉得很滑稽。我喜欢它们挺着个啤酒肚闲庭信步的样子，而灯草鹀走路则跳得像拨弦舞曲似的。我喜欢它们无法立即吃到美味小吃时那种垂涎三尺的眼神。我喜欢它们兴奋时会突然跳起来，向后扒土，把蠕虫和昆虫赶出来。我喜欢它们会给自己贴金，装成地面觅食之王。我见过院里的这只唧鹟溜进一个笼式面包虫喂食器，把虫子扔进下方的花盆里。然后，它飞到花盆上刨土，假装发现了虫子，表现出意外之喜。"噢，天哪，这是什么？虫子？"难道这是鸟类的自我包装？如果它这么做是为了吸引雌性，岂不是虚假宣传？不过，雌性也许会欣赏它的诡计多端。我就很欣赏。

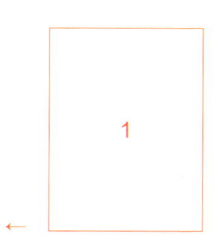

1. 沐浴中的加州唧鹟

2020年7月28日

　　黄昏是安氏蜂鸟最后的进食时间。这个时段本店搞特惠，一个喂食器可以同时供两只雌鸟饱餐。我还在黄昏时分见过两只雄鸟，它们在灰蒙蒙的天空变得越发深沉晦暗时，共用一个喂食器。它们还非常年轻，喙很短，正在换羽，羽毛参差不齐。它们需要尽可能地多摄取些食物，才能撑过夜晚那种类似短暂冬眠的状态，也就是蛰伏。我读到过，届时它们的心率会从每分钟一千多次降到每分钟五十次。白天，它们每隔十五分钟就要进食一次，无论是吃小昆虫还是喝花朵或喂食器中的花蜜。如果不能频繁进食，它们白天可能就会死去。如果在夜幕降临前没有吃饱，它们就可能在处于假死状态的睡梦中死去，一双小脚还紧紧抓着一根细枝。

　　菲奥娜说，如果你碰了一只蛰伏中的蜂鸟，它就不会再醒来了。那个时候，捕食者一口就能吞下它。从蛰伏状态中醒来时，它们跟我一样，需要十五到三十分钟才能完全清醒，还得补充能量。不过我靠咖啡，它们靠花蜜或昆虫。不管什么季节，我的院子里永远都有花蜜喂食器，也有开花植物。我在房子的不同方位放置了五个蜂鸟喂食器。那种红色的塑料喂食器，既实用又好清洗。小一点儿的喂食器，我放得比较隐蔽，藏在院子上空的主要飞行路径看不到的地方，许多蜂鸟喜欢这样隐秘的饮料店，这些喂食器总是空得很快。大喂食器则露天放在院子里，那是雄性蜂鸟的战场。蜂鸟的领地意识比院子里的其他鸟都强。而眼下，它们争夺的不仅是花蜜，还有雌鸟。

前几天，我看到两只头部艳丽的雄性蜂鸟在相互驱逐。一只赶走了另一只，胜者霸占了喂食器。一只浅绿色的雌性蜂鸟落在它身边。雄鸟大口大口地喝着蜜，雌鸟起码静静地看着它饱饮了一分钟。雌鸟一口都没喝。雄鸟也没请它喝。安氏蜂鸟可不讲什么平等主义。不知和它们同名的安娜*是否赏识这一点？雌鸟缓缓起身飞走了，雄鸟跟了上去，也许是要飞到它们婚配的枝丫上去，等雌鸟舒展地伏低身子。我不知道雌鸟看上它哪一点了。不久前，我还会称它们是夫妇。但夫妇的意思是交配后还会长相厮守。后来我读到，虽然雄性蜂鸟在求偶时会相互争斗、卖力演出，但一旦目的达成，立马就会离开，而它们只需要四秒就大功告成了。雄性蜂鸟不是称职的父亲，搭窝筑巢、喂养妻小，全不关它们的事。它们扭头就去寻找其他雌性了，继续用从高处俯冲、你追我赶和制霸喂食器等手段俘获芳心。

几天前的一个傍晚，一只雄性蜂鸟飞到了我手持的喂食器上。

---

* 安氏蜂鸟的英文名直译为安娜蜂鸟（Anna's Hummingbird）。此处"安娜"指安娜·马塞纳（Anna Masséna）公主。约翰·詹姆斯·奥杜邦曾深深为她倾倒，不过安氏蜂鸟的名字是法国博物学家勒内·普里梅韦尔·勒森（René Primevère Lesson）以公主的名字命名的。

从它那相对较短的喙和杂乱的羽毛来看，它应该还年幼。它盯着我看了几秒，然后落在了喂食器上。蛰伏前对食物的需求胜过了对我的警惕。但喂食器里的花蜜已所剩无几，它的喙又比成鸟短些，伸出舌头也够不到喂食器里剩下的花蜜。于是，我把喂食器斜着朝向它，它美美地喝了好一会儿。今晚，我再次尝试吸引蜂鸟来我手上的喂食器饮蜜。一只雌鸟飞到了喂食器旁，但刚落下，就被另一只蜂鸟赶跑了。那当然是只雄性蜂鸟。

如果我能为了观鸟更勤快些，就该在早上六点起床，引诱蜂鸟来吃早餐。但我做不到，所以等到明天黄昏时分，它们吃一天中最后一餐时我再试试。届时我会一手擎着一杯红酒，一手拿着红色的喂食器。

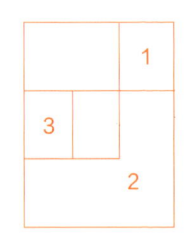

1. 2020年7月28日

2. 安氏蜂鸟每天的最后一餐是黄昏中最神奇的景象，为了过夜，它们这顿必须吃饱。此时，它们会更愿意直接从我手上的喂食器里饮蜜。一只年幼的蜂鸟（喙比较短，羽色也没那么艳丽）怎么都够不到底部的花蜜，于是我把喂食器斜着拿，它喝得可痛快了。成年雄鸟落在喂食器上之前，都要先试着驱赶我。

3. 黄昏时分，我看到两只雌性蜂鸟在庭院里共饮一个喂食器。后来还来了一雌一雄，但雌鸟只是看着。

July 28, 2020

ANNA'S HUMMINGBIRD

At dusk, I saw two females drink at the same patio feeder. Later, a male + female, he f. ratchd

Last call at the bar. This is the magic hour of DUSK when the hummers must have their fill for the night. They are more willing to drink from the feeder held in my hand. One young hummer (shorter bill, less vibrant coloring) had a hard time reaching the nectar, so I tilted the feeder and he drank happily. Adult males initially tried to chase me from feeder before settling.

2020年9月1日

为躲避野火的浓烟,院子里来了一只新鸟。我用约翰·缪尔·劳斯教的辨识技巧,迅速大声地说出我看到的特征,"灰色脑袋,红褐色胸脯,体形比唧鹀大……"然后它就飞走了。但很快,另一只鸟落在了它刚才的位置上。羽色以柔和的灰色为主,而且非常胖。我用望远镜看到了它圆滚滚的黑眼睛和白眼圈,还有微微拱起的尖喙。是隐夜鸫吗?但那个喙比起隐夜鸫的似乎有点儿短。它胸前长着白斑,并

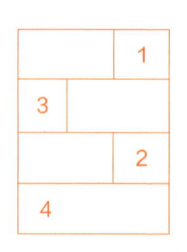

1. 2020年9月1日

2. 西蓝鸲母子

3. 野火的浓烟带来了新访客。起初,我只认出是某种鸫科鸟。

4. 它坐在牧羊钩上,四处张望,然后就飞走了,但很快又带着一只胖得像饺子似的小鸟回来了。这只幼鸟的羽毛呈柔和的灰褐色,隐隐透出些蓝色来。我认得它们,我以前在马林岬的旷野见过这种鸟。

9-1-20

WILDFIRE SMOKE BRINGS NEW VISITORS. First, a thrush of some kind.

WESTERN BLUEBIRD

Mom and baby

It sat on the shepherd's hook and looked around, then left. But soon it returned with a dumpling of a bird. The baby fledgling has blue peeking through its creamy taupe feathers. I knew what it was. I see them up in the Headlands, in open terrain.

非隐夜鸫那样的暗斑,我据此判断应该是另一种鸟。我拍了几张照片,后来看照片时发现这个小家伙背面的羽毛是蓝色的。这是……西蓝鸲的幼鸟?我在马林岬开阔的野外见过成年西蓝鸲,它们坐在沿海山脉山顶突出的岩石上。那才是西蓝鸲的栖息地,不像我用四棵橡树和一个栽满多肉的屋顶花园打造的丛林。这两只鸟胸前都见不到我印象中西蓝鸲的那种亮蓝色和红褐色。但这种比较黯淡的羽色倒像是雌性西蓝鸲,它附近的可能是羽色较浅的幼鸟。刚会飞的幼鸟很难辨识,除非它旁边有可参考的同类。我所有的指南书里都没有专门画出刚会飞的幼鸟,只有没离巢的雏鸟。所以,我有个建议:出一本刚会飞的幼鸟的图鉴,记录它们离巢第一天到第十天的样态。

问题是,西蓝鸲怎么会到我的院子里来?也是受北方野火肆虐的影响吗?8月以来,闪电、电线短路、恶意纵火犯就在不断制造山林野火,一场接一场,烧个没完。加州自2017年起,似乎就在不停地燃烧和焚毁。南马林消防局称,我们也应该做好准备,因为火已经不是"会不会"烧到这里了,而是"迟早"要烧到这里。岬角的烟雾变得更浓了吗?可能不至于吧。就算索萨利托大雾弥漫,我们这片香蕉带*通常也没有雾。不知香蕉带效应适用于火灾的浓烟吗?近三周以来,我见到了四种新鸟,都是拜浓烟所赐吗?那这些鸟一定是来呼吸新鲜空气和洗尘沐浴的。有些还在换羽。它们需要洗去烟尘,除去松脱的羽毛,保持最佳飞行状态。"恩美洗浴中心"提供各种装满清水

---

* 指气候温暖可以种植香蕉的地区。

的陶土碟。我跟鸟儿说："这都是全球变暖的冰川融水，纯正阿拉斯加风味。"眼瞧这些新来的鸟儿小心翼翼地把脚趾伸进水里，我估计它们是在试探陌生水源的深浅，不是试水温。进入浴盆后，它们会卧下来，把胸腹都浸在水里。然后一点一点地把头埋进去，振翅扑腾。它们起码会洗个一两分钟，有时甚至还不止。这是画画的好时机。但这时它们也是手到擒来的死靶子，很容易被库氏鹰或纹腹鹰抓走。我这儿偶尔也能看到这些猛禽。我并非要克扣它们的食粮。饿死的猛禽不在少数。不过，还请不要带走那只才和我对视过的小蓝鸲。

2020年10月12日

　　浴盆大战！战场：六个陶土碟和一个松石绿的塑料碗。每个浴盆我都倒入1至1.5英寸深的水，还会在里面放块石头，这样新来的候鸟立马就能知道这个深度很安全。我看到新来的访客会站在浴盆边缘，小心翼翼地伸出脚趾试探水的深浅。熟客则轻车熟路，直接就跳了进去。我从亲朋好友那儿听闻过一些悲伤的故事，早上还在为他们唱歌的美丽鸟儿，扭头就淹死在了喷泉里，那水深得可以给狗洗澡。鸣禽可不像小鸭子似的会游泳。以前我对鸟类了解不多，从未想到过这点。那时，我更在乎喷泉的样式。

　　我把望远镜对准了那个最大的陶土碟，这个浴盆目前最受欢迎。浴盆大战始于一些常见的争执。一只长着红褐色眉纹的未成年白冠带鹀站得笔挺，紧盯着一只浸在水里的金冠带鹀，它浑身湿透，毫无还手之力。我很纳闷，这些鸟平时在开阔地带稍微待上几秒钟都慌得不行，沐浴时却可以放下戒心，在浴盆里洗上三分钟之久。这时，又来了一只白冠带鹀，是只成鸟，黑眉白冠，鲜明夺目。结果，三只鸟都飞走了。怎么一只也没留下来呢？一只金冠带鹀趁机赶走了另外两只正准备跳进去的金冠带鹀。但随后，有只隐夜鸫也走进了浴盆，那只金冠带鹀发起了暗流涌动的眼神对峙。谁都不肯退让。隐夜鸫仗着腿长，站得直挺挺的，远远盖过坐着的金冠带鹀。接着，它矮身坐进了浴盆，用力振翅。金冠带鹀也不甘示弱，狂扇翅膀。我不由得想起在公共泳池里相互泼水的小孩子，非要把别人泼哭才肯罢休。就在我以为它们即将握手言和的时候，它们竟又同时用力拍打起翅膀来，持续了好几分钟，直至双方都精疲力竭。我想起了电影《飞燕金枪》（Annie Get Your Gun）里的那首歌："你能做的事，我都可以做得更好。"

在我这个不经意的人类观察者看来，鸟类似乎是在合作以及平等地沐浴。从今天观察浴盆的情形来看，我猜测鸟类更倾向于在同类中确立对浴盆的主宰权。掌权的鸟可以选择与其他鸟分享，但处于服从地位的鸟必须乖乖回避目光接触。这种行为是我判断哪只鸟处于服从地位的线索。鸟类之间一直存在这些体现支配与服从的细微举动。候鸟陆续归来，它们都会使用这些浴盆，处于支配地位的鸟也会有更多机会向新来的鸟宣示谁才是这片水滨别墅的主人。

从我坐的位置，可以看到鸟儿在戏水。水花溅得到处都是，到了傍晚，浴盆的水总会少一半。我的浴盆如此招鸟喜爱，仿佛是在回报我的爱。

Spa Showdown

At the six water bowls, the Golden-crowned Sparrows commandeered half, including the largest.

A Hermit Thrush dared join in the big bowl.

Staredown and splashing continued for several minutes.

"I'LL DRIVE HIM MAD BY PRETENDING I DON'T SEE HIM!"

"I'LL PULL OUT YOUR TAIL FEATHERS."

LOOSE WINGS

HOPPING MA[D]

Throughout the day, the Goldens chased away other birds by rushing them in fast hops. The Hermit turned away, avoiding eye contact. Submissi[ve]

	1	
3		2
	4	
5		6
	7	

←

1. 浴场对决

2. 六个水盆，金冠带鹀霸占了一半，
   就连最大的那个也受它们的支配。

3. 一只隐夜鸫踏进了大浴盆里。

4. 双方展开眼神对峙，相互泼水，持续了好几分钟。

5. 我要假装视而不见，逼疯它！
   松开翅膀

6. 看我把尾羽给你拔了。
   疯狂跳脚

7. 一整天，金冠带鹀都在驱赶其他鸟，它们总是飞快地跳着脚
   朝对方扑过去。隐夜鸫背过身去，回避目光接触。是屈服了吗？

2020年10月20日

我惊恐地看到六七只黄蜂正在笼式喂食器里吃活面包虫。那些面包虫还在挣扎扭动，像追逐阳光的豆芽一样，竭力向上伸展。面包虫有痛觉吗？我可不想套用笛卡尔的逻辑，认为面包虫不会思考，所以就不会感到疼。不知谁做过相关研究呢？

黄蜂霸占了面包虫碗后，鸟儿纷纷敬而远之。我在地上又放了一碗面包虫，它们可以取食。而黄蜂似乎更喜欢在高处用餐。我曾担心鸟会被蜇伤。但后来读到，羽毛可以保护它们。而我只有皮肤，不得不在头上、手上和其他暴露在外的部位涂抹薄荷油自保。黄蜂不喜

1. 2020年10月20日

2. 生命的循环

3. 黄蜂、面包虫、鸣禽与黄蜂诱捕器

4. 黄蜂在"咀嚼"面包虫。面包虫窸窣的挣扎声令人揪心。黄蜂落入诱捕器，在水里苦苦挣扎时，原本在面包虫碗旁的黄蜂都飞了过来，群情激愤。它们发出了怎样的求救信号？

5. 我无法对面包虫和黄蜂的生死存亡视若无睹。

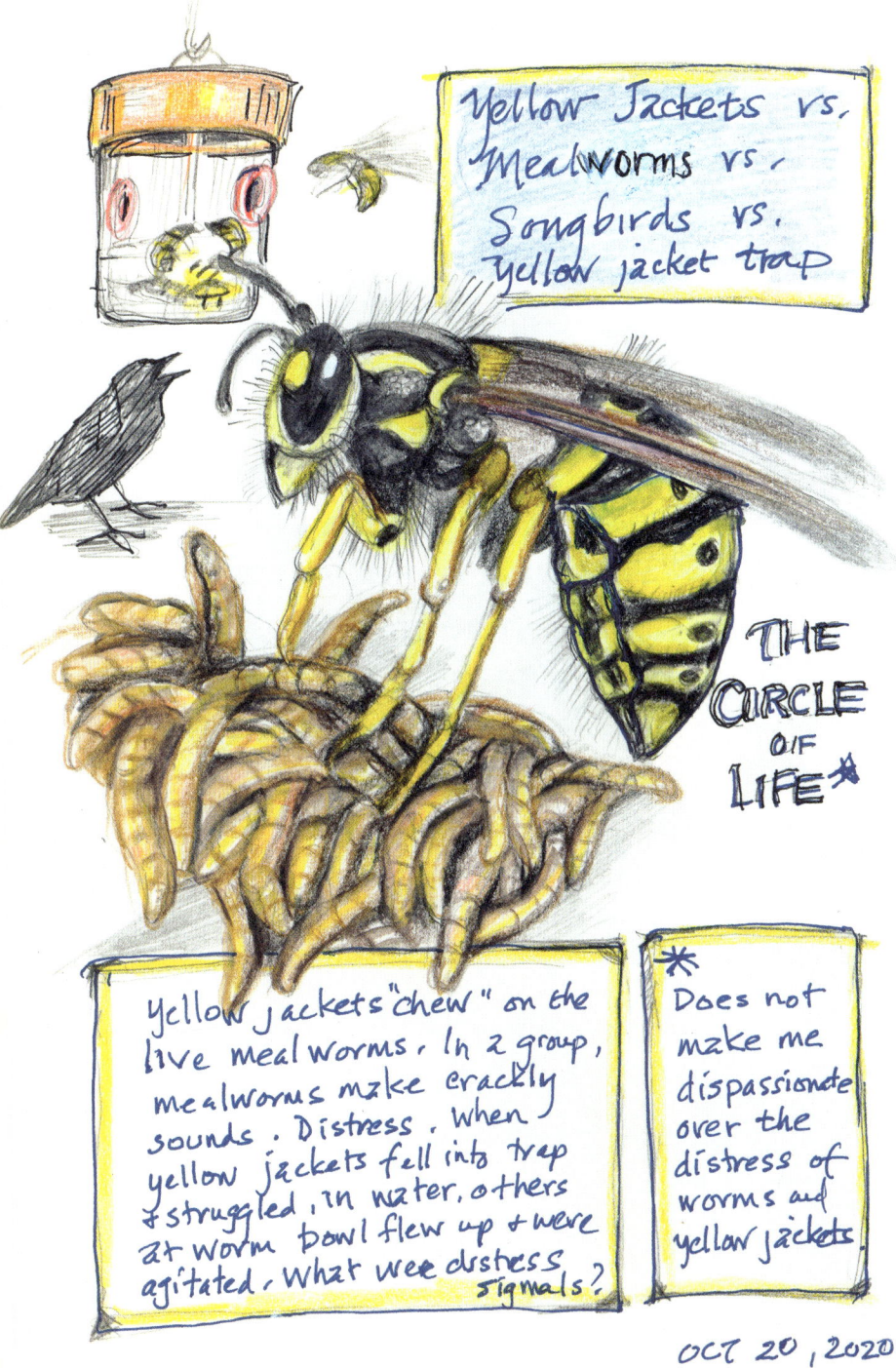

Yellow Jackets vs.
Mealworms vs.
Songbirds vs.
Yellow jacket trap

THE CIRCLE OF LIFE*

Yellow jackets "chew" on the live mealworms. In a group, mealworms make crackly sounds. Distress. When yellow jackets fell into trap & struggled, in water, others at worm bowl flew up & were agitated. What wee distress signals?

* Does not make me dispassionate over the distress of worms and yellow jackets.

OCT 20, 2020

欢薄荷味。鸟儿似乎对这种气味没有反应。我曾以为鸟没有嗅觉和味觉，因此加了辣椒的油脂它们照吃不误，松鼠却厌恶至极，不再造访喂食器。但我最近读到，鸟儿也有嗅觉感受器和味蕾，虽然数量比哺乳动物少。黄蜂也一样，隔着1英里就能闻到野餐的香味。

我考虑过消灭这些黄蜂。和蜜蜂一样，黄蜂也会传粉，而世界上的传粉媒介越来越少。不过，我的屋顶花园是专为蜜蜂、蝴蝶和鸟类打造的，有很多小动物可以帮忙传粉。我高兴地发现黄蜂诱捕器不会吸引其他蜜蜂，于是多买了几个。我用糖和湿狗粮调制出了黄蜂难以抗拒的诱饵，再加些水，然后把诱捕器挂在面包虫喂食器旁边。立刻就有几只黄蜂飞了进去。它们嗡嗡地在里面转悠了一会儿，便从侧壁滑落，掉进我做的汤里，挣扎着想浮起来。有两只想爬到大块的狗粮上去，但狗粮就像河里的浮木一样会打转。我很难过。它们想活下去。它们一定发出了求救信号，因为不远处面包虫餐厅里的黄蜂都飞了过来，围着黄蜂诱捕器疯狂打转。我读到过黄蜂能识别同类的脸。我在想，诱捕器外的那些黄蜂是否认出了溺水的同伴。试图救援的黄蜂说了什么呢？"嗡嗡！嗡嗡！嗡！"翻译过来就是："坚持住，斯特拉，我们正在想办法。"救援的黄蜂小心翼翼地顺着诱捕器的外壳向开口爬去，但随后，它们似乎受到了惊吓，飞走了。是溺水的黄蜂发出了警告，让同伴离远点，保护好自己吗？黄蜂会像有些蚁群一样表现出利他行为吗？

任何挣扎着求生的生物都令我动容。我觉得，会为它们的危难悬心，是件好事。

2020年10月27日

　　每天，我都在阳台上的两个喂食器里装满带壳的辣味葵花子。一群暗背金翅雀会把这些葵花子一扫而空。它们翻弄得种子大多掉到了地上，才会挑出一粒吃掉。它们还会把我挂在牧羊钩上的蓟种子喂食袋吃空一半，剩一半在地上。以前，我买的鸟粮都没加辣椒，松鼠会来收拾它们留下的烂摊子。但现在松鼠都觉得我的喂食器很邪门，全部敬而远之。这些金翅雀实在太能捣乱了，就连在地面觅食的鸟都吃不过来。这就给老鼠军团留下了大量食物，只有我每晚自己去打扫，这样才勉强有两三只老鼠出没。

　　我问贝恩德·海因里希知不知道为什么像燕雀这样要吃喂食器的鸟会丢掉那么多种子。结果他和别的科学家早在20世纪90年代就做过相关研究了——不愧是他。他们非常精确地测量了被丢掉的种子。简而言之，鸣禽喜欢短小、饱满、带壳的葵花子，厚度大于长度为宜，因为这样的种子含油量更高。它们会用半秒钟的时间判断种子好坏，丢掉密度较低的种子，定要找到中意的才吃。就好像我也会砰砰砰地敲西瓜，通过密度来判断它甜不甜，只是我不会把不要的西瓜扔在商店的地板上。贝恩德说，相比扁而长的种子，油脂丰富的种子能提供更多能量，所以为了吃到饱含油脂的食物，花大力气长途飞行也值得。问题是，我院子里的鸟成天在树枝上游手好闲，离喂食器不过20英尺远。因此，我可不会轻易宽纵这些金翅雀，随意丢弃好好的种子不说，还给我弄得一片狼藉。它们这么做，才不是为了多摄取些营养。它们就是邋遢。

今天，我拿掉了它们最快吃空的那个喂食器，清扫了那些明明很饱满的种子。我把这些种子放在一个小陶土碟里，又把这个碟子放在一个更大的碟子里，这样就多了一道凹槽。暗背金翅雀立马就适应了这个新设计，着实令人惊叹。最多的时候，一次有六只金翅雀同时坐在大碟子的边缘，吃着小碟子里之前被它们嫌弃的种子。它们把不要的种子、碎壳和种皮都丢进了凹槽。第七只金翅雀想来分一杯羹，结果被其他金翅雀赶走了。现在，每只金翅雀不要的种子，都会被留在大碟子里。这些鸟儿就像改过自新的顾客，学会了把不买的水果放回货架。

挂上喂食器，就得持续想办法收拾整理，还要防范老鼠打家劫舍。不过现在，我应当可以领个奖了，毕竟我智斗松鼠大获全胜。

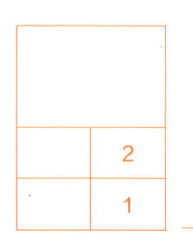

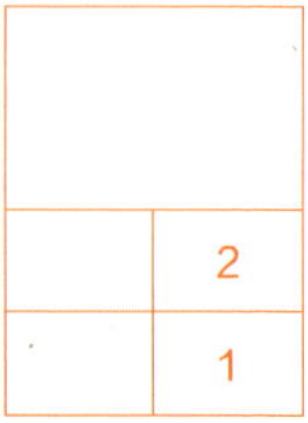

1. 2020年10月27日

2. 喂食器的节省与浪费研究

A.

B.

C.

D.

A STUDY OF BIRD FEEDER ERGONOMICS AND WASTE

E.

F.

OCT 27, 2020

2020年10月30日

我在工作室门廊的喂食器上看到一只身体有条纹的小鸟。我屏息而视。它的喙很细。阔别两年,松金翅雀又回到了我的院子里。我现在都还记得,三年前松金翅雀大举入境,暴发沙门菌感染。据报道,许多人家的后院都散落着松金翅雀的尸首。我只看到了一只染病的松金翅雀,但它肯定活不久了。我心痛不已,把喂食器都撤了下来,搁置了好几个月。现在,看到这种娇弱的鸟,我依旧心有余悸。问题就在于,这种鸟总是相亲相爱。它们一起活动、一起觅食,共用浴盆和饮用水。只要一只生了病,就会迅速传染其他鸟,一般都是传给其他燕雀。它们正体现了新冠病毒是如何传播的。它们不会拉开社交距离,反而大规模聚集。一旦暴发流行病,它们就纷纷死在野外或喂食器旁。好在它们食性相同。燕雀都只吃种子。其他种类的鸟喜欢的油脂,它们毫无兴趣。

1. 北美金翅雀和松金翅雀
2020年10月30日

American Goldfinch
and
Pine Siskin
10.30.20

Lesser Goldfinch

我院子里的所有燕雀都会长时间坐在那儿吃种子。家朱雀、暗背金翅雀、北美金翅雀、紫朱雀和松金翅雀——概莫能外。我自己吃起瓜子来也这样，剥壳剥得我指尖都疼了才肯罢休。卢埋怨我制造了那么多垃圾。所以，我有什么资格批评这些燕雀呢？但我丢掉的只是不能吃的壳。我可没有浪费种子。

金翅雀有时会争夺喂食器，用喙"打嘴仗"，要是夏天的话，获胜的一般是体形更大、羽色更亮更黄的一方。羽色鲜亮与竞争优势相关吗？不管面对什么鸟，我似乎都经常有这样的疑问。

刚开始观鸟时，我还不认识院子里的燕雀。后来，我注意到了那些黄色的鸟，得知它们是金翅雀，但我依旧无法区分北美金翅雀和暗背金翅雀、紫朱雀和家朱雀。如今，我已经能够辨识所有燕雀，无论是成鸟还是幼鸟，哪怕它们换了冬羽，不似夏装那般炫目也没问题。眼下，北美金翅雀的背部和翅膀都是温暖的米黄色，暗背金翅雀则以橄榄黄为主。

大多数情况下，就算二者同时出现在喂食器上，金翅雀也会放过体形较小的松金翅雀。我只见过一次松金翅雀和暗背金翅雀起争斗。后来松金翅雀赢了，换言之，它站在自己心仪的栖杆上，留在了喂食器旁。真叫人佩服。这只善斗的松金翅雀明明体形更小。这有违我之前的观察，我还以为体形决定了竞争优势。我一向乐于发现例外，推翻自己草草总结的规律。大自然厌恶一概而论。

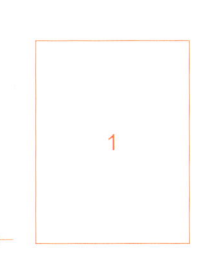

1.暗背金翅雀

2020年11月24日

　　几年前，我第一次见到黄眉林莺时，还以为只能瞧见那么一次。它是如此引人注目，与众不同，而且还是只莺。第二天，我又见到了一只，高兴得心花怒放，竟然又看到了稀客。结果现在，我每次透过浴室窗户往外看，都能在2英尺外的圆形油脂喂食器上看到像土匪似的戴着眼罩的黄眉林莺。它们非常靠得住，很能给人成就感，早上第一时间来报到，天黑前又最后来收尾。事实上，它们刚来时，

1. 2020年11月24日

2. 黄眉林莺

3. 喜欢浅尝辄止
每种喂食器都要试一下

4. 油脂喂食器

5. 笼式油脂喂食器

6. 圆形笼式喂食器

7. 带顶盖的敞口亚克力喂食器

8. 种子喂食器

11·24·20

"the dabbler"

TRIES EVERY FEEDER

round cage feeder

suet feeder

suet cage feeder

TOWNSEND'S WARBLER

OPEN DOME PLEXIGLAS FEEDER

seed feeder

几乎把十五个不同的喂食器光顾了个遍,连蜂鸟喂食器也不例外,哪怕里面只有糖水。而且,也只有这些莺会使用透明塑料制成的敞口喂食器,主体是个带宽槽的圆碗,用于盛放油脂。上面有个宽大的透明顶盖,以免鸟粮被雨淋湿。不管哪种鸟,都能轻易从里面取食,但实际上连丛鸦也不去光顾。我猜,是那个透明的大圆盖把鸟儿吓到了。为什么黄眉林莺倒无所谓呢?又是为什么它们要试遍所有喂食器呢?是候鸟的本能所致吗?在返回数千英里外的家园之前,要尽可能地寻找食物来源,是不是就类似于人类去吃"吃到饱"自助餐,每道菜都要看一看。蛋黄酱水果沙拉就算了,还是来点熏鲑鱼吧。

现在这些莺最常造访的喂食器,仍是浴室窗户旁边的那一个。我可真走运。那个喂食器挂在牧羊钩上,旁边就是山茶花丛和我的窗台,那一片有许多鸟出没。每天早上,我都会往窗台上撒些种子,但愿这些小鸟能赶在老鼠或丛鸦到来之前把它们吃掉。我每天站在水槽边刷牙时,都能看到无尽的悲喜剧,装点疫情期间平淡的长日。

2020年11月26日

我迟迟没有把新到的六千条面包虫分装到保鲜盒里，而是一直放在客房备用的冰箱里。整整三十六小时，鸟儿都只能看着空碗，疑惑里面怎么没有活面包虫。它们只能将就吃些油脂块、油脂丸、葵花子、小米、蓟种子、红花籽和黄油树膏——说白了就是，没必要同情它们。我以前会装四大碗面包虫。超级耗时，也超级费钱。现在我只装一碗了，如有必要，会再补一次，每天大约要消耗一千条面包虫。为了能心安理得地买面包虫，我算了算没生孩子我省了多少钱。原本我是该掏钱给孙子孙女念大学了。而现在，我可以把这笔钱拿来买无数面包虫。

今天，我终于给碗里装满了面包虫，来的头一位食客是我经常在院子里看到的那只隐夜鸫。那双细细的长腿使它显得十分纤弱。它立马钻进笼子，每五秒就能吞下一条面包虫。我暗自数着秒。隐夜鸫捉住了那些面包虫，它们还在拼命地扭动，非常有活力。我仔细观察着，看它是否会把面包虫扯成两段。有些幼鸟就会这么做。

11-26-20 THANKSGIVING

Early bird gets the worm — 15 of them!

A Thanksgiving Tale of Stuffing a Bi—

Help!

merc

I was dilatory in refilling the containers with the shipment of 6000 mealworms. The birds had only suet to eat for a day & half. Poor birds! Today when I finally filled a bowl with mealworms, the first to arrive was a Hermit Thrush. Clearly experienced, it downed 15 worms — wriggling live ones,

它们还多少有些害怕会动的食物。但这只隐夜鸫是个老饕。它直接活生生地吞下整条面包虫，像吸荞麦面条一样。我见过很多鸣禽一次能吃掉五六条面包虫，甚至七条也不在话下。但这只隐夜鸫一口气吃了十五条。吃完后，它并没像大多数鸟那样即刻飞走，而是一动不动地站在原地。我怀疑它是不是吃太多不舒服了。接着，它的肚子开始像跳肚皮舞似的左右起伏。我开始想象，那十五条面包虫仍在它体内翻腾。它能感觉到面包虫在肚子里乱爬吗？不知这些面包虫处于它消化道的哪个位置？还在嗉囊里吗？它们要过多久才会停止蠕动？

我还真为这个肚皮舞找到了一个可能的解释。鸟有两个胃室。嗉囊中的食物会先送入带有消化液的胃室。另一个胃室则含有肌肉层和沙砾，以碾碎食物。也许隐夜鸫的肚子起起伏伏，就是在将嗉囊里的面包虫送入下面的胃室，或是使虫子在两个胃室间来回晃荡。

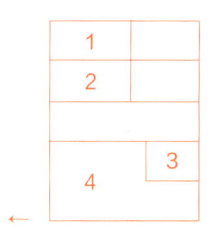

1. 2020年11月26日
   感恩节

2. 早起的鸟儿有虫吃——整整十五条！

3. 感恩节给鸟"填馅"的故事
   救命！
   发发善心吧。

4. 我迟迟没有分装新到的六千条面包虫。这一天半以来，鸟儿都只能凑合着吃油脂。真"可怜"啊！今天我终于给它们装了一碗面包虫，头一位食客是只隐夜鸫，吃法老到，一下子吞了十五条——虫子都还活蹦乱跳，扭来扭去的。

几秒后，肚皮不再跳舞了，隐夜鸫飞走了。

我还有一万两千条面包虫没有分装。虽然我已经很习惯把它们从皱巴巴的报纸里抖出来，放进保鲜盒，但我仍能感觉到它们蠕动个不停，想逃跑。它们无法发出声音，但我觉得它们还是会以某种方式向同伴发出警告，比如拼命扭动或者相互摩擦身体，发出窸窸窣窣的声音。放进冰箱后，寒气侵身，窸窸窣窣的声音就没了，它们进入了休眠状态。不出十二天，鸟儿就会把这些面包虫全部吃光。届时，我就不再喂面包虫了，等开春筑巢季来了再说。先让它们吃油脂块吧。

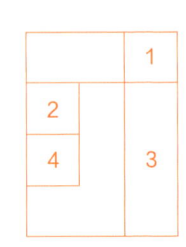

1. 2020年11月26日

2. 隐夜鸫

3. 因为面包虫还蠕动个不停，就被隐夜鸫囫囵吞下了，我不禁好奇虫子是不是还活在它的食道或胃室里。就在我这么想时，隐夜鸫的肚子开始左右起伏，好似面包虫在里面翻江倒海。肚子不动了，隐夜鸫才飞走。所以，它的肚子为什么会起伏？是在把面包虫送入胃室吗，还是为了帮助消化——这么做不会不舒服吗？吃太饱鸟会肚子痛吗？

4. 肚子左右起伏

11-26-20

Hermit Thrush

Since the worms were squirming as the Hermit Thrush ate them in a gulp, I started to wonder if the worms were still alive in the gullet or stomach. Just as I thought this, the HETH moved its belly side to side, as if the mealworms had caused this to happen. When the action stopped, the HETH left.

side-to-side movement of belly

So what was that belly action? A way to settle the mealworms? Does it aid in digestion — was it discomfort? Do birds get bellyaches from overeating?

2020年12月9日

　　不出所料，五周前来过的那些松金翅雀逐渐带来了它们的亲朋好友。一开始大概有二十只，很快就变成了一大片。我估计现在得有百余只了。它们为争夺种子的所有权吵嘴打架，不管是其他鸟还是同伴都不例外。它们会丢掉一半种子，弄得满地狼藉，一如既往地深得斑鸠、其他地面觅食的鸟儿和老鼠的欢心。

　　本周，满院的松金翅雀引起了猛禽的注意。每天，院子都要飞空好几次。通常是冠山雀第一个发出警报。随后，叽叽喳喳的声音越来越响，紧接着便是一阵大逃亡，留下一院寂静。每每此时，我都会扫视附近的橡树，通常都能发现原因。今天来了一只库氏鹰，赤肩鵟也起码来了两次。鸣禽无疑是库氏鹰的菜。赤肩鵟的食堂则在它的利爪下方。邻居家那片杂乱无章的常春藤，是老鼠的桃花源，布满地穴、湿泥、腐叶、霉菌、霉斑、真菌和昆虫。赤肩鵟向下张望时，头部会晃，尾巴也随之直直地摆动。我读到过，鵟摇头晃脑可能是在计算它与猎物的距离——就像我调整相机镜头对焦一样，今天我就拍了赤肩鵟。我还读到过，摆尾也是一种狩猎行为。这种动作有什么作用吗，就像校准飞机的方向舵？还是说，向侧摆尾是为了搅动空气，产生升力？又或者，其实只是看到美食兴奋的表现？最终，这只鵟从容地跳到了另一根树枝上，然后飞离了我的视线。猛禽和鸣禽会在我的院子里相遇，一方是食客，另一方则是晚餐。我尽量不偏袒任何一方。

MIGRANT SONGBIRDS — A SEASONAL DIET FOR HAWKS

12·9·20

Among the migrants, the Pine Siskin (PISI) is the most numerous — at least a hundred. They clog the feeder, scare up into clouds. The large number of feeder birds may be why we are seeing more hawks. This Red-Shouldered Hawk (RSHA) has come at least twice, likely daily.

RED-SHOULDERED HAWK

PINE SISKIN
4.5" - 5.25"
RED-SHOULDERED HAWK
16" - 32"

As the hawk scouted the yard for food, its tail did a stiff wag, and it bobbed its head. The head bob may be an attempt to hone in on prey off in the distance, sort of like adjusting the camera to capture the hawk. Alas, no luck

PINE SISKIN sits on the feeder perch a time, making it easy prey.

	1	
2		3
4		
5		
	6	7

←

1. 2020年12月9日

2. 迁徙的鸣禽——猛禽的季节性餐点

3. 我院子里的候鸟，就属松金翅雀（PISI）最多——起码有一百只。它们铺天盖地，把喂食器围得水泄不通。可能就是因为喂食器上停着这么多鸟，最近见到的猛禽才变多了。这只赤肩鵟（RSHA）起码要来两次——几乎每天如此。

4. 赤肩鵟

5. 松金翅雀体长4.5至5.25英寸
   赤肩鵟体长16至32英寸

6. 赤肩鵟在搜寻院子里的猎物时，会直直地摆动尾巴，晃动脑袋。晃动头部可能是为了锁定远处的猎物，有点儿像我为了拍这只鵟而努力调整相机焦距。唉，没戏，拍不清。

7. 松金翅雀会在喂食器的栖杆上坐很久，这样很容易成为猎物。

2021年1月17日

在这个美丽的周日，我们与朋友一起坐在家中的阳台上，享受户外聚餐。我们遵守新冠防疫要求，每张餐桌相隔10英尺，每一桌都吃各自的外卖，还配备了按压式洗手液。我们为客人准备了望远镜，可以远眺海湾上的船只和天空中的飞鸟。之后我们会给望远镜消毒。

鸟儿似乎和我们一样享受着这阳光明媚的一天。一只未成年的红尾鵟悠然地从我们眼前飞过，高度与我们的视线持平。两只丛鸦

		1
3		2
		4
5		6

1. 2021年1月17日
   周日 21摄氏度

2. 庇护所

3. 金冠带鹀

4. 安氏蜂鸟

5. 纯色冠山雀

6. 鸟儿似乎都躲在同一片灌木和树丛里侦察四周——窥望天上的捕食者，在进食间歇钻进来休息，看看别的鸟在做什么，也观察我。

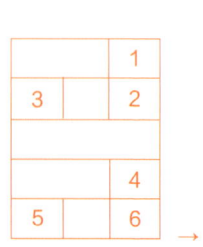

Jan 17, 2021
Sunday 70°

GOLDEN-
CROWNED
SPARROW

Sheltering in Place

OAK TITMOUSE

ANNA'S HUMMINGBIRD

The birds all use the same bushes and low trees for reconnaissance — to look up for predators, to rest between turns at the feeder, to see what others are doing, to watch me.

和两只我院子里很少见的暗冠蓝鸦,像哨兵一样,分立在两棵光秃秃的桦树上,相互闲聊了一阵,才去和别的同类会合。我们的朋友约翰是环保组织的负责人,在波因特布卢工作过,当时那儿还叫雷耶斯角鸟类观测站。观察和听声都是他的强项。他指着远处的一棵树说:"那儿有两只啄木鸟。""你听到声音了吗?"我什么也没听到。他说它们正一来一回地发出敲击声,也许是一雄一雌。

我的听力一直在下降,如果要去配助听器的话,那一定是为了听鸟鸣。他指给我看两只缠得难解难分,一起向上飞的蜂鸟。蜂鸟经常相互驱逐,但这可能是雄鸟在向雌鸟求爱。蜂鸟和鸦往往年初就开始筑巢了。今天我听到了更多鸟鸣,而且距离更近,是春天那种久久绕梁的鸣唱。最让人惊喜的是黄昏时分,听到一只美洲雕鸮呜呜叫,声音悠远绵长。

在院子旁的灌木和矮树丛中,我看到了两只西蓝鸲、一只斑啄鸦、两只纯色冠山雀、六七只金冠带鸦、安氏蜂鸟、栗背山雀、黄眉林莺、隐夜鸫、加州啄鸦、比氏苇鹪鹩、暗眼灯草鹀、白喉带鹀、红冠戴菊和小鸭。它们似乎都躲在同一片灌木和树丛里侦察四周,警惕天上的捕食者,观察院里的食物和其他同类,或者就是在进食的空当,躲进去休息一两分钟。就在刚才,几只黄眉林莺从阳台旁的橡树树冠里猛地蹿了出去,又迅速飞了回来。约翰说,它们在捕食飞虫。

多亏了鸟儿,居家期间我从未觉得憋闷。总有那么多事情见所未见,总有那么多东西有待发现。尽管疫情的阴霾深深笼罩着我们,但观鸟,让我感到自由。

黄眉林莺（雌性）

2021年1月18日

未见其鸟，先闻其声，那是首很欢快的歌。紧接着，演唱者现身了——白喉带鹀。这首歌常用的记忆口诀是"老-山姆-皮博迪[*]-皮博迪-皮博迪"。无趣至极，况且山姆和皮博迪都是谁？要是我就会把这首歌改得更适合求偶一些："我来这儿-看个眼缘-碰个运气-找个对象。"白喉带鹀时不时会来露露脸，但现在有一只已经在院里待了好几天，可以说是熟客了。它比金冠带鹀的体形稍大一些。二者都习惯在地面觅食，但要是争起笼式油脂喂食器来，白喉带鹀却比其他雀鹀更好斗。其他鸟都眼睁睁地看着它钻进笼子里，叼起一个油脂丸，又出来。但它只走到离笼子几英寸远的地方就开吃，完了又回到笼子里。那还出来干吗？是故意引诱其他鸟进去，好让它们知道知道自己的厉害吗？就像大孩子对小孩子说："你来拿啊，我谅你也不敢。"它会攻击任何胆敢近前的鸟——除了加州啸鹀，它们是

---

[*] 因为这个叫声，皮博迪（Peabody）也成了白喉带鹀的别称。

院子里体形最大的雀䴖,不过它们比起恶霸,更像傻大个儿。但谁块头大,谁说了算。鸟儿彰显自身地位的方式可能还有很多。如果我拍个慢镜头的视频,不知能不能看到更多振翅、扭头、对视、挑眉竖冠、调整体态之类的动作?我想学鸟语。不知鸟儿都是怎么议论我的呢?

White-Crowned Sparrow Rules the Feeders

1·18·21

WAITLIST: GCSP DEJU BEWR

WHITE-THROATED SPARROWS RULE

Sometimes a GCSP will grab a suet ball that fell out of the bowl.

GOLDEN CROWNED WAITS

A big rush for the suet balls in the cage feeder. The White-Throated Sparrow appears an the other birds leave. Sometimes they dip a beak in and snatch a suet ball. The GCSP behind the WTSP is in breeding plumage and is king of the GCSP, but a lacky to the WCSP.

```
  ┌─────────────┐
  │      1      │
  ├───┬─────────┤
  │ 2 │         │
  ├───┴─────┬───┤
  │         │ 3 │
  ├───┬─────┴───┤
  │ 4 │         │
  ├───┴─────────┤
←  │      5      │
  └─────────────┘
```

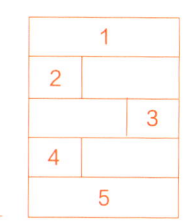

1. 2021年1月18日
   白喉带鹀霸占喂食器

2. 等位的客人：
   金冠带鹀
   暗眼灯草鹀
   比氏苇鹪鹩
   白喉带鹀霸座

3. 金冠带鹀在旁等候

4. 有时，金冠带鹀会捡拾从碗里掉出来的油脂丸。

5. 笼式喂食器里的油脂丸是众鸟争抢的目标。白喉带鹀登场后，其他鸟纷纷退散。有时，它们也会把喙伸进笼子里，偷一个油脂丸就走。白喉带鹀身后的这只金冠带鹀覆繁殖羽，是金冠带鹀中的领头羊，可还是得对白喉带鹀俯首称臣。

2021年1月27日

因为下雨，我便把笼式油脂喂食器取下来，放在门廊上，紧挨着折叠玻璃门。我找了块黑色防雨布把它遮起来挡雨，但在底部留了几英寸，方便窥视里面。我趴在地上，脸离食盆只有大约6英寸的距离，中间隔着玻璃。鸟会因为饥饿而放下戒心，在离人如此近的距离下进食吗？

鸟能敏锐地感知气压波动吗？它们会在下雨前和雨停时（哪怕只是暂时放晴）疯狂觅食。也许它们之所以如此疯狂，是因为它们的主食是飞虫，而暴风雨打湿了飞虫的翅膀，害得它们动弹不得。也可能鸟儿就像疫情期间的人类一样，担心没卫生纸用，干脆一口气买够十年的量。囤得用不完，才有安全感。事实上，鸟儿确实会储藏吃不完的食物，我想，大部分食物都烂掉了吧。油脂受潮发绿，还会滋生其他生命体。冬天尽可能多地储藏食物是鸟的天性吗？哪些鸟会储藏食物，哪些不会呢？我猜在地面觅食的鸟不大会储藏食物，毕竟它们不住在树上。鸟儿也能分辨食物有没有变质吗？

几只鸟蹦蹦跳跳地靠近笼子，但没有钻进去。一只黄眉林莺在笼口晃了晃，接着又来了一只比氏苇鹪鹩。两只的体形都很小巧。我发现，院子里体形最小的鸟，反而最不怕我。那些敢待在我周围1英尺以内的鸟，可能已经在院子里住了很久，知道我会提供食物，也不会飞起来追赶它们。它们要是落在我身边，我就会轻声和它们说话："你可真勇敢。"

比氏苇鹪鹩钻进了我放在玻璃门旁的笼子。它在离我的脸不过几英寸的地方，一边吃东西，一边像我观察它一样专注地盯着我。它那一身灰褐色的羽毛顺滑匀称，看来是只成鸟，饱经历练，善于评估危险、机遇和回报。它可能已经规划好了逃生路线。它不知道，我看着它时几乎不敢呼吸。"请不要走。"

它的喙微微弯曲，相比雀鸦，显得比较细长。它啄了啄那块油脂，然后做了一个除了蜂鸟，我从未见其他鸟做过的动作。它似乎没有张开喙，而是伸出了细长的舌头，将食物卷入口中。这就是为什么它喜欢吃松软的油脂吗？还有哪些鸟会这么做呢？燕雀会用喙叼起种子，轻轻咬开，剥掉薄薄的种皮，然后用舌头将去皮的种子送入张开的嘴里，食物落入嗉囊时，它们仍会张着嘴继续咀嚼。灯草鹀和纯色冠山雀会啄食油脂块，将其啄成小块方便吞咽，然后张开嘴吞下碎块。可能还有很多鸟会闭着嘴，伸出舌头卷取食物。要是啄木鸟来啄食油脂，会怎么做呢？它们的舌头极长，可以伸进缝隙里。

近距离目睹，让我看到了许多平时注意不到的行为细节。虽然我站在喂食器前,鸟儿也会飞来取食,但不会久留,不像踏入我这新布置中的比氏苇鹪鹩。也许这只比氏苇鹪鹩知道我们之间隔着玻璃,我碰不到它。如果真是这样,这只鹪鹩为何能认识到这一点?其他来喂食器吃食的鸟似乎也知道,要是我一动不动地站在玻璃门后面,就不会对它们构成威胁。但我要是动了,那就是另一码事了。

我很想称赞这只鹪鹩勇敢。但对人类来说,勇敢的意思是将自身安危置之度外,克服恐惧,无私奉献——这是许多人钦佩的品格。在南非的一次观兽之旅中,我看到一只雄性冕麦鸡飞到车前,假装翅膀受伤,吸引众人的注意,以免我们发现路边有个用石子筑成的巢穴,里面有只雌鸟在孵蛋,三只蛋。双领鸻也会这么做。这种行为仅仅是本能,不是舍身利他的见义勇为吗?如果是本能,那可能是为了保全正在孵蛋的雌鸟,因为那些蛋是它的后代。我总是对鸟

1. 2021年1月27日
   近距离邂逅一只比氏苇鹪鹩

2. 为了隐蔽,我穿上了迷彩服

3. 我自己做的笼式喂食器

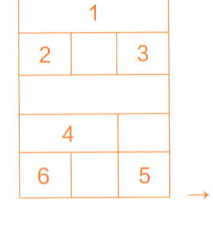

4. 开始下雨了,我把喂食器都收在庭院桌的阳伞下面,只有一个例外。我把它拿来放在了玻璃门旁边,我自己则趴在玻璃的另一边。没多久,来了一只比氏苇鹪鹩,我看着它吃松软的油脂。惊喜来了!它居然用舌头把油脂卷进了嘴里!跟蜂鸟似的!

5. 它注意到了我。我觉得我动也不动地待在室内时,鸟儿知道我不会伤害它们。

6. 油脂

CLOSE ENCOUNTERS with the BEWICK'S WREN

1-27-21

Wore my camo to blend in.

cage feeders I built

When it started raining, I put the bird feeders under the umbrella on the patio table, all but one, which I placed next to the glass door. I crouched down on the other side of the glass. Eventually, a BEWICK'S WREN came in and I watched it eat soft suet. Surprise! It draws it up with its tongue!

Like a hummingbird's tongue!

suet

It was aware I was there. I think birds understand that when I don't move and am inside, I am not a threat.

的本能和自主意愿有很多疑问。本能可以得到科学的反复验证，比如迁徙的本能。而要想弄清鸟的自主意愿，则会陷入拟人的误区。我不可能知道鸟有什么意愿。我怎么可能知道它们需要什么？我提醒自己，这些都只是我的猜测。但我还是忍不住好奇真实情况究竟如何。就像我写小说，一个角色的意愿和另一个角色的信念开创了一个故事，却随时都可能改变。

比氏苇鹪鹩

2021年2月7日

我在一个陶土水盆里发现了几根绒羽。脸书观鸟群里那些头衔很多的专家肯定会立刻用大写字母嚷着让我把羽毛留在原地,因为持有野生鸟类的羽毛触犯了联邦法律。我清洗了水盆,把大部分绒羽扔进了茉莉花盆里。只取了一小撮带回家,方便之后画下来,研究一下它和羽轴发育完全且带有坚硬羽小枝的正羽有何不同。但后来我把那些绒羽弄丢了,我非法收集羽毛的罪证就这么没了。这下我不会坐牢了,但要是进去了,倒是会有很多写作素材。

水盆里的绒羽很可能是金冠带鹀留下的。最近它们洗澡的次数变多了,因为它们正在换羽,要换上全套的繁殖羽——黑眉纹、亮黄羽冠、灰脸颊。我以前很好奇,为什么有些金冠带鹀不换羽,还是长着棕色的眉纹,浑身灰褐色。它们是雌鸟吗?不,据我了解,雌鸟的繁殖羽与雄鸟别无二致,看不出差别。后来我才读到,初次越冬的鸟要隔一年才会准备繁殖。因此,那些灰褐色的金冠带鹀只是未成年,不论雌雄。

2.7.21

DRINKING WATER + BATHING

BATHS ALWAYS OCCUPIED

GOLDEN-CROWNED SPARROWS Bathing more often as they molt.

NEW BREEDING PLUMAGE

LOTS OF SINGING — ARE FEMALES PICKING FAVORITES YET?

"IS ANYONE WATCHING ME?"

- TILTS HEAD BACK
- FULL CROP
- LOOKS LIKE GARGLING
- EXPANDS BODY

ELONGATES NECK ON ALERT

我觉得无从分辨金冠带鹀的雌雄，害我无法理解它们的很多行为特征。有人说，雌鸟可能体形更小。我跟另一位观鸟行家提起这个说法，他给我一个鄙夷的神情，看来告诉我这个方法的人搞错了。不过，在画水盆边或窗台上的金冠带鹀时，我确实注意到它们体形各异。eBird上说，金冠带鹀体长7英寸。我家院子里的金冠带鹀体长都在6.5至7.25英寸。体长较短的金冠带鹀看起来也更苗条，和体形较大的暗眼灯草鹀差不多。当然，暗眼灯草鹀的体形也各不相同。我经常看到很多鸟在浴室的窗台上排成一排，它们大多会蹲着吃东西，所以我可以很好地比较它们的体形。我在约翰·缪尔·劳斯的一堂绘画课上学到过鸟可以改变自身形态，比如伸长脖子或蓬起羽毛来保暖，从而显得很胖，或者像幼鸟。处于警戒状态时，它们就会伸长脖子。我曾看到水盆里有只金冠带鹀，喝水时会向后仰头，

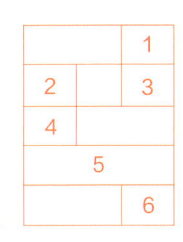

1. 2021年2月7日
    饮水+沐浴
    永远有鸟在用浴盆

2. 金冠带鹀换羽时更常洗澡

3. 歌声此起彼伏，雌鸟已经开始挑选配偶了吗？

4. 繁殖羽

5. 有人在看我吗？
    – 仰头
    – 嗉囊鼓鼓的
    – 像在漱口
    – 身体膨大

6. 警戒状态下会伸长脖子

整个身体都随之膨胀起来。喉咙鼓鼓的，仿佛在漱口。

要是去阿拉斯加或加拿大西北部金冠带鹀的栖息地，应当能加深我对它们的了解。比如，它们在哪里求偶，又有哪些求偶仪式。我读到过它们是一夫一妻制，但我还没见过像夫妇的金冠带鹀。它们不像加州啷鹀，看到一只，很快就能看到另一只紧随其后。在夏季栖息地生活时，雄性和雌性金冠带鹀会分开吗？只有回到北方繁殖时，才重新聚首？夫妇俩都会哺育雏鸟吗？

如果金冠带鹀遵循往年的迁徙时间，那么在4月的第一周或第二周，它们就会换好华丽的求偶套装，然后在接下来的一周内，飞往灌木丛生的苔原地带，那里的环境与我这橡树环绕的后院截然不同。到那个时节，我能在浴盆里看到的就不仅仅是绒羽了。我必须克制自己的犯罪冲动，不要把那些羽毛带进屋。

2021年2月8日

刚开始在后院观鸟时，我读了一篇讲喂食器的文章。文中有许多不错的建议，比如怎样依据当地的鸟种选择喂食器，怎样防止松鼠来偷食。我学到的最有趣的一点是：喂食器为鸟类创造了一个人工环境。许多鸟会在同一时间造访同一个喂食器，而要是在野外，这些鸟通常很难碰到一起，无论是同种还是异种。这么多鸟为了摄取同样的食物混杂在一起，不可避免地要产生争斗和攻击行为。这一点有力地指导了我的观察。我必须牢记，我在后院看到的鸟类行为可能并不典型，不能代表我视线范围之外的情况。

我制作的那些笼子就好似观赏鸟剧的舞台。最近，我又做了一个长一点儿的矩形笼子，有两个方形笼子那么大。我把它放在地上，方便那些在地面觅食的少不更事的鸟进出。大多数在地面觅食的鸟已经很习惯使用喂食器了。只要看到有的鸟朝笼子里张望却不进去，我就知道它是新来的。我在笼子里放了三个碗，全装着碎油脂，所有在地面觅食的鸟都喜欢吃这个。很快，油脂小餐馆就迎来了许多食客：数只金冠带鹀、一只加州唧鹀、两只斑唧鹀、一只比氏苇鹪鹩、一只暗眼灯草鹀，还有一只白喉带鹀。每只鸟都会花时间探查一番，该从哪边进笼子才能尽可能地避开竞争对手。正如我不久前注意到的那样，几乎所有的鸟都惹不起白喉带鹀，只有一只鸟天不怕地不怕：加州唧鹀。它壮得可以当保镖。

虽然加州唧鹀和斑唧鹀以前都钻进过笼子里，但这只加州唧鹀不知该如何钻进铁丝网上那些1.5英寸见方的网格。它眼瞧着食物，却只能围着笼子绕圈。它把头和肩膀挤进了网格，但胸部过不去，于是迅速退了出来。它走到另一边，又这么试了试。一只金冠带鹀站在附近排队，一看到白喉带鹀，就退一边去了。我以为这只加州唧鹀会放弃。但随后它看到白喉带鹀跳了进去，叼了些油脂，又跳

1. 2021年2月8日
在树上觅食的鸟与在地面觅食的鸟

2. ①将这些笼子放在地上，可以教在树上觅食的鸟学会下地吃东西。
1.25英寸见方的网格

3. 防松鼠和老鼠的防护罩
②引诱在地面觅食的鸟进笼觅食，然后逐渐把笼子挂高。

4. 受引诱的加州唧鹀
在地面觅食的鸟

5. 自制铁丝笼
12英寸×12英寸

6. 斑尾鸽唯有等神迹降临，才能钻进笼子里了。

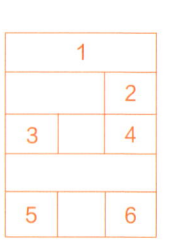

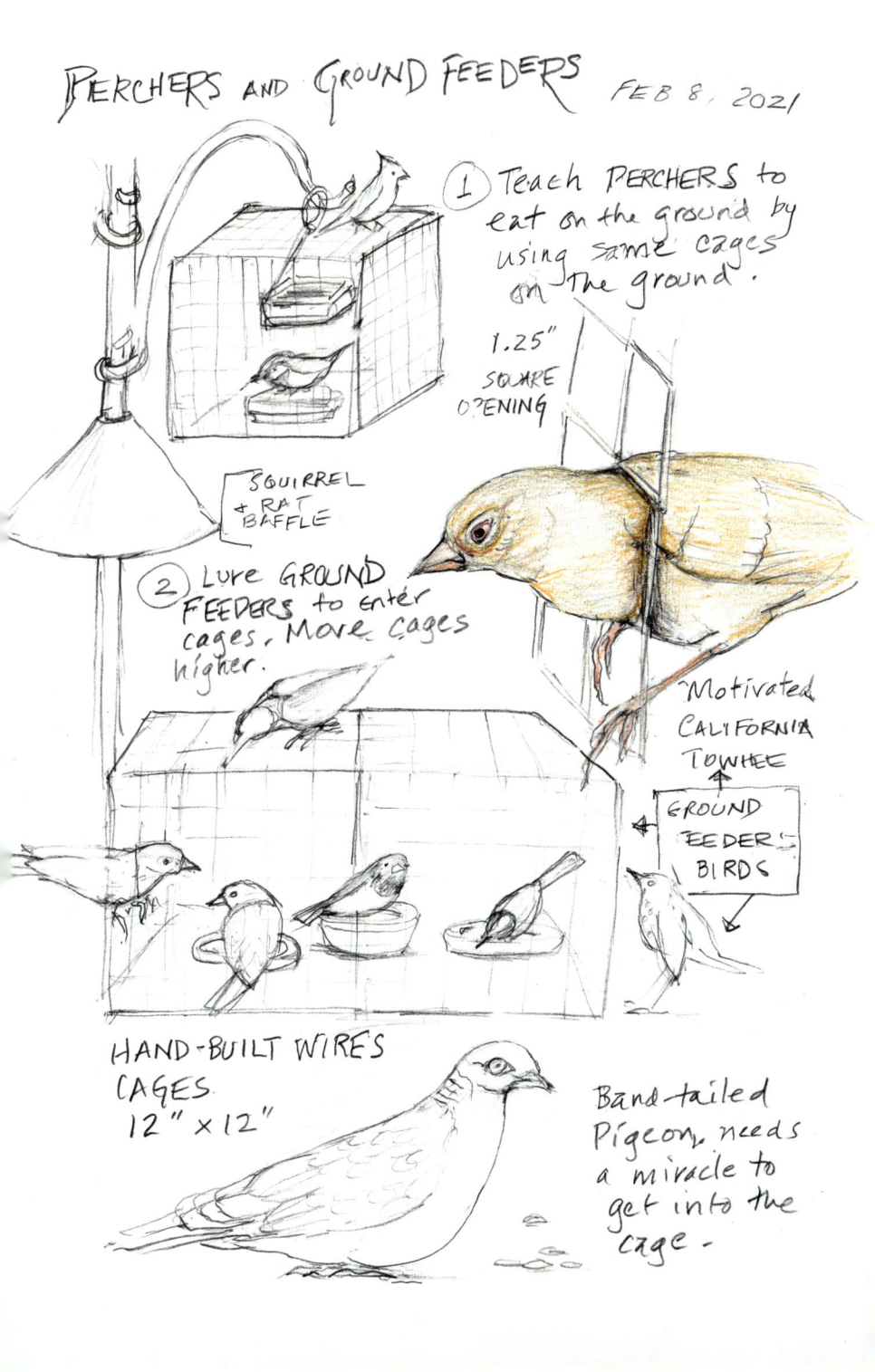

PERCHERS AND GROUND FEEDERS — FEB 8, 2021

1. Teach PERCHERS to eat on the ground by using same cages on the ground.

1.25" SQUARE OPENING

SQUIRREL & RAT BAFFLE

2. Lure GROUND FEEDERS to enter cages. Move cages higher.

Motivated CALIFORNIA TOWHEE

GROUND FEEDER BIRDS

HAND-BUILT WIRES CAGES 12" x 12"

Band-tailed Pigeon needs a miracle to get into the cage.

了出来。加州啁鸫立马依样画葫芦,轻而易举地穿过了铁丝网,完全没有被卡住,仿佛它和白喉带鹀一般大似的。白喉带鹀是如何让体形明显更大的加州啁鸫,觉得自己也能穿过网格的呢?加州啁鸫能认识到体形的相对大小吗?它又是如何让自己迅速变小的呢?我能想到的答案只有一个:鸟是魔法生物,这是它们的一种法术。

2021年3月21日

  前几天，我在院子里看到一只全身黑白相间的猫。我立刻跑过去大声驱赶，它就跑了。

  这只猫一直鬼鬼祟祟地在栅栏附近、常春藤、葡萄藤和灌木丛周围徘徊。有对斑啄鸫经常在那一带出没。第二天，一只斑啄鸫就跛着脚从灌木丛中跳了出来，进入我的视野。它体形较小、颜色没那么鲜艳，是那对夫妇中的雌鸟。它的右脚不见了，剩下的腿上还留有明显的撕裂伤，无力地耷拉着。我怀疑我看到的那只猫与这事脱不了干系。它拖着断腿，被水盆的盆沿绊了一跤。然后又绊在一块石头上。那只雄性斑啄鸫会继续陪在残疾的伴侣身边吗？

  我担心这伤最终会让它送命。在我看来，失去一只脚，拖着一条没用的腿，会大大降低它的生存概率。猛禽就爱捕食行动迟缓的鸟。斑啄鸫在地面觅食，需要快速跳行、蹦高、往后扒土。这只雌鸟再也不能轻快而迅速地跳行了。往后它有办法学着灵活自如地行动吗？那条撕裂的腿会感染吗？我想抓住它，送它去野生动物康复

SHOCK AND SADNESS.

SPOTTED TOWHEE
MISSING A FOOT

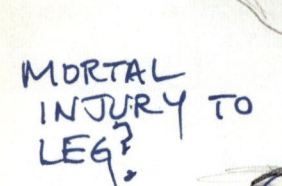

MORTAL INJURY TO LEG?

VICTIM OF A CAT?

中心，把那条没用的断腿截掉。

每每听到养猫的人宣扬些伪科学，我就气不打一处来，他们说什么："猫本就处于食物链顶端。猫吃鸟，鸟吃虫。这是自然规律。接受现实吧。"我想说：比起有家不回的猫，郊狼和美洲雕鸮是更顶级的捕食者，证据就是它们可以吃掉你的猫。

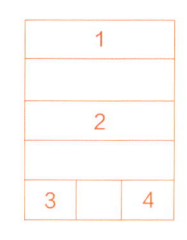

1. 惊骇悲恸

2. 斑䴔䴖少了一只脚

3. 腿上的伤会致命吗？

4. 猫干的？

2021年6月23日

  天堂也有烦恼。有三只加州唧鹟成天都待在我家后院。其中两只一天要打好几次架。它俩坐在院子边的栏杆上时，通常还有一只唧鹟会坐在比栏杆稍矮一点儿的椅子靠背上。这对冤家先将翅膀松弛地耷拉下来，然后开始迅速振翅。这种振翅和幼鸟向父母乞食时的振翅截然不同。这似乎是一种仪式。其中一只会转过身去背对另一只。另一只则绕着一个小圈起舞。有时它们会靠得很近，几乎脸贴脸，然后突然同时抬脚蹦起来。起初我以为这是一种攻击行为。因为我见过其他

1. 2021年6月23日
   加州唧鹟是在求爱还是打架？

2. 翘起尾巴，背对另一只唧鹟

3. 我看到两只加州唧鹟只要一靠近，就会俯低身子，相互振翅。有时，旁边还有另一只唧鹟。它们的动作不像幼鸟向父母乞食时扇动翅膀或尾巴的样子。

4. 这究竟是场求偶的情舞，还是两只雄鸟在雌鸟面前争夺交配权的战舞？我猜是后者。

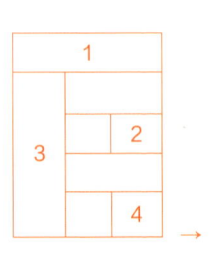

6-23-21

CALIFORNIA TOWHEE
LOVE or WAR?

I've seen two Calif Towhees lower and flap wings whenever they are near each other. Sometimes a third towhee is nearby. This is not the wing or tail flutters that fledglings do for food from parents.

turned back to other Towhee and raised one wing

Was it a sexy dance of courtship or a war dance over territory between males in front of a female? I am guessing the latter.

鸟耷拉着翅膀，俯身接近目标，发动攻击。我毫无根据地猜想：这两只振翅的唧鹀是雄鸟，在旁观战的是雌鸟，谁赢了它就跟谁。但我认识的一位观鸟行家说，这些行为更像是雄性唧鹀与雌性唧鹀之间的求偶行为。那么，那只一直在旁边看着它俩打情骂俏的第三只唧鹀是怎么回事？难道是它俩的后代，一只年轻的雄性唧鹀，正在学习求偶的技巧？不知它都学到了些什么。

2021年6月29日

烹饪笔记：我自豪于能为野鸟食客提供最上等的食物，甚而有些飘飘然。我绝不会用面包虫干代替活面包虫！否则，就像放着新鲜的有机西蓝花不吃，反而给孩子吃冷冻西蓝花。一只刚会飞的加州唧鹀很喜欢我的周到。它霸占了装有活面包虫的笼式喂食器，飞快地吞下那些蠕动的小虫子，一条接一条，一点儿不带停。这只唧鹀一口气吃掉了十五至二十条面包虫。眼看它把剩下的面包虫都吃光后，我觉得是时候舍弃大厨的骄傲了，还是换成面包虫干吧。同样数量的面包虫干可便宜得多。但不知各类鸣禽，今后还会不会这么爱来我家后院。去年，上千条面包虫在近38摄氏度的高温下死在了金属碗里，小鸟都弃如敝屣。也许硬挺挺的虫子会硌得小鸟的嗉囊不舒服。事实上，体形较大的鸟就没那么挑剔了。鸽子和丛鸦就很乐意吃那些黑黢黢的死虫子，甚至还要抢着吃。

今天，我开始喂面包虫干了。鸣禽在盘子里乱翻，把虫干都扔了出去，想在下面寻找活虫。我重新把虫干装回碗里。一只成年唧

TOWHEE GOES ON A DEAD MEALWORM DIET

6-29-2

"KEEP 'EM COMING! I CAN EAT HUNDREDS."

ALIVE

EMPTY BOWL — OTHER BIRDS HUNGRY

NON-GMO DRIED MEALWORMS — $7.50 DEAD / $32.00 LIVE

For the bowl in the Towhee's cage feeder

LITTLE BIRD DINER — "LIVE MEALWORMS — TOWHEE TOO BIG"
1.25"

"PTUI! DEAD + STIFF... I'M NOT FOOLED"
COATED IN OLIVE OIL

TOWHEE JR. EATS WHAT DAD REJECTED — "NOT BAD"

ALIVE vs. DEAD
JUDGE AMY AWARDS **DEAD** MEALWORMS ★ FIRST PRIZE!
1ST

★ FIRST PRIZE = MORE DEAD MEALWORMS

	1
2	3
4	5
6	7

←

1. 2021年6月29日

2. 唧鹀改吃死掉的面包虫
   有多少上多少！一百条我也吃得下。
   活虫
   空碗
   其他鸟都还饿着肚子

3. 非转基因面包虫干
   死虫 7.50美元
   活虫 32美元
   给唧鹀用的笼式喂食器里装这个

4. 小型鸟专属餐厅
   里面是活面包虫
   唧鹀个头太大了
   1.25英寸

5. 呸！死得硬挺挺的。我可没这么好糊弄！
   裹着橄榄油

6. 小唧鹀捡爸爸不要的吃。
   味道不错。

7. 活虫 vs 死虫
   评委恩美授予死面包虫一等奖！
   一等奖 = 今后还要多喂些死虫

277

鸫走进笼子，叼起一条面包虫干，立马就扔掉了。又叼起一条，又扔掉了。它在碗里刨来刨去，翻找了一番。最后，还是吃了一条虫干，接着吃下了第二条、第三条。最后，还叼起一条虫干离开了笼子，但紧接着，它好像突然醒悟了似的，丢下那劣等的面包虫干，冲到浴盆里，洗了好久的澡，也许是为了把嘴涮干净。与此同时，一只刚会飞的加州嘲鸫落到院子里，蹦蹦跳跳地四处寻找食物碎屑。它发现了那只成年嘲鸫丢掉的面包虫干。它捡起来，当即就吞了下去。我又往院子里扔了一些，它都吃了。万岁！我感觉自己好似一个成功让孩子吃下冷冻西蓝花的母亲。

2021年7月14日

周日，我最亲密的老友阿萨突发心脏病去世了。两天来，我彻夜难眠，脑海中不断回想起这五十一年间我们共同经历的一切。许多事都很滑稽，比如阿萨曾为了模仿我，男扮女装穿上三宅一生的衣服，手里提着一只皮包，里面装着两只约克夏梗的毛绒玩具，用《阿根廷别为我哭泣》(*Don't Cry for Me, Argentina*)的调子唱着他自己编的歌词。

今天，我望向庭院，看到了熟客暗眼灯草鹀在地上捡拾食物残渣，还有成双成对的小鸭来扫荡食盆里的面包虫，并带回去喂雏鸟。一对加州唧鹀展开翅膀相互攻击，最终腾空而起，抬脚对踹。随后，我看到了一只旅鸫。它端坐在栅栏上，鸟喙优雅地上扬，看起来很有王者风范。旅鸫在某些栖息地相当常见，在我后院却十分罕见。观鸟五年，我只在院子里见过三次旅鸫。

几分钟后，我看到了一只从未造访过我家院子的小动物。那是只花栗鼠，脸上和胖乎乎的棕色脊背上都长着醒目的黑白条纹。它坐在步道上方的混凝土花架上，正好位于马醉木下方，紧挨着盘缠的茉莉花藤——这儿可不是经常能见到花栗鼠的森林栖地。事实上，我从未在马林县见过花栗鼠，我还问过别人，也都没见过。一只加州唧鸦飞到了烧烤架上，前倾着身子，从大约1英尺远的地方，盯着这位新来的访客。花栗鼠没有退缩，依然蹲坐在原地。一分钟后，唧鸦飞走了，花栗鼠这才慢悠悠地退回藤蔓中。

我还在为方才这两场幸运的邂逅惊叹时，一只燕雀飞来喂食器，落在一个金属环上。我原以为是只雄性家朱雀。它们最近刚刚回来，一同归来的还有为数众多的暗背金翅雀。但细看之下，我发现这只燕雀的翅膀上泛着淡淡的玫瑰色，肋部、胸部和腹部都没有条纹，头上还顶着一撮小小的羽冠。竟是只紫朱雀！这几年来，我在院子里见到的紫朱雀屈指可数。

短短一小时内竟见到了这么多稀客，虽然本只是个令人惊喜的巧合，然而，一直以来，我都一厢情愿地盼着那些我爱过的故人能以某种形式回来，让我好好道个别。如果他们要变成鸟，就得是与众不同的品种，这样我才能在各种常见的鸟儿中注意到他们。今天，

1. 2021年7月14日

2. 索诺玛花栗鼠

3. 加州唧鸦靠近时，花栗鼠毫不畏惧，照旧自顾自地坐着。可笑的是，我一直把阿萨比作唧鸦。我觉得它们行动笨拙，十分滑稽，又比其他鸟更好奇玻璃内的屋子里到底有些什么。

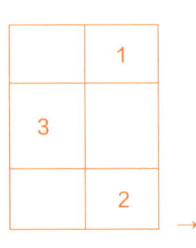

JULY 14, 2021

The chipmunk was not fearful in its manner when the towhee approached. It simply sat still. Ironically, I had always pictured Asa as a towhee, which I find to be comical and lumbering birds, a little more curious than other birds in exploring what is inside the room beyond the glass.

Sonoma chipmunk

JULY 14, 2021

When the chipmunk appeared, the California Towhee flew to the BBQ grill to check out the newcomer.

California Towhee

It leaned forward from about 12"-18" away. This can be an aggressive posture with birds, but the Towhee actually appeared curious. It had been flapping its wings and fighting another towhee just before.

我见到了两只不常见的鸟，还有一位意外来客——花栗鼠。理智告诉我，这些巧合无关什么悲痛与盼望，没有特殊含义。阿萨是个相信科学的无神论者。他一定会说我的那些想法是无稽之谈。

我们的许多朋友一致认为，阿萨超乎常人、离经叛道、非常惹眼，每次出现都是隆重登场，用他那大嗓门高声宣布他来了，所有人都得行个注目礼才行。如果说那三只小动物都是来看我的，也太夸张了吧。但这也正是阿萨的风格——追求极致，各个方面都不甘平庸。我仿佛能听到他火冒三丈地大喊："我究竟还得变成多少次动物，你才敢肯定那真的是我？"

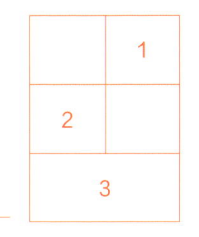

1. 2021年7月14日
   花栗鼠出现后，加州唧鹀便飞到烧烤架上，仔细打量这位新访客。

2. 加州唧鹀

3. 它身体前倾，和花栗鼠隔着12至18英寸的距离。对鸟来说，这种姿态是要发起进攻，但这只唧鹀实际上只表现出了好奇。刚才它还扇着翅膀，和另一只唧鹀打过一架呢。

2021年7月15日

打擂啦！擂台右侧登场的是一只刚会飞的小西丛鸦，身高11英寸，脸皮很厚、神气活现、聒噪、聪明，永远吃不饱。它的一张大嘴很是结实，和同科的表亲差不多，但还是比发育完全的成鸟小些。说到食物争夺战，聪明人都会将赌注押在西丛鸦身上。除非我这个人类跑出去挥着手臂大喊大叫，否则它不可能争不到食。擂台左侧

1. 2021年7月15日

2. 我还是只幼鸟！我饿了！

3. 我不知道其他的战斗动机能起到多大作用，比如一只鸟自己有多饿或者它的孩子有多饿。

4. 但体形通常能决定输赢。这只啷鸦和西丛鸦却是例外。这块油脂本是啷鸦先发现的，它要保卫自己的东西！

5. 年幼的西丛鸦

6. 油脂
   它摆出进攻姿势，逼近西丛鸦。西丛鸦退让了。啷鸦抢到了油脂，西丛鸦飞走了。

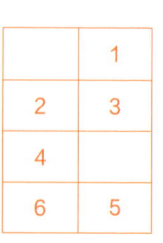

		1
	2	3
	4	
	6	5

7-15-21

"I'M A JUVIE! I'M HUNGRY!"

I don't know other motivations, like how hungry the bird is or its babies.

But SIZE has usually been the winning determinant. Not so, with this towhee and scrub jay. The towhee had the suet first, defended its claim.

SUET

It did some aggressive posturing, advancing toward the jay. The jay backed off. The towhee grabbed the suet. The jay flew off.

YOUNG CALIFORNIA SCRUB JAY

是只成年加州啷鸦,身高9英寸,看起来不是特别机灵,但也可能是扮猪吃老虎。在食物面前,它异常执着。毕竟没有哪条活面包虫不对它的胃口。

啷鸦欢快地在院子里蹦跶,吃着不同笼式喂食器里的油脂。它的嗉囊肯定已经胀得满满当当的了,因为它又叼起一块油脂,却没有吞下去,而是就地扔在了院子里。那可是相当大的一块油脂。精明的小西丛鸦立刻俯冲下来,但还没碰到那口美食,啷鸦已猛地冲上前去,迎战这个不识好歹的家伙。虽然西丛鸦体形更长也更重,但这只啷鸦仍摆出了前倾的姿势,一副咄咄逼人的样子,仿佛要发起冲锋。尽管小西丛鸦一向嘴馋,这只啷鸦的架势却震慑住了它。它一动不动,进也不是,退也不是,只得眼睁睁地看着啷鸦拾起那块油脂,狼吞虎咽起来。年幼的西丛鸦终是飞走了。

我知道自己犯了自然观察者常犯的错误,刻板地认为啷鸦都无忧无虑,西丛鸦都老谋深算。科学需要保持客观,不能让个人偏见妨碍了准确观察。谢天谢地,我不是科学家。我就喜欢欢快的啷鸦和聪明狡猾的西丛鸦。

2021年8月21日

野火仍在肆虐，一场接一场。上个月，我家后院来了三只新鸟。不过，这些新鸟可能不是为了躲避野火才来的。它们是刚会飞的幼鸟，正学着适应自己的栖息地，到我院子里来，属于走错了地方，不过离目的地也不远了。

第一只是只西草地鹨，这种鸟我在贝克堡辽阔的草甸上见过。这种草地鹨歌声嘹亮，适合去体育馆放声高歌，我家后院地方有限，没这个条件。第二只是只黑头斑翅雀，我在马林岬灌木丛生的旷野间见过。第三只新鸟是只黄脸林莺，喜欢栖息在密林中。这三种鸟幼鸟的羽色都很难辨认。我见过西草地鹨和黑头斑翅雀的成鸟，但从未见过黄脸林莺，不过我从它的喙推断它是只莺。成年黄脸林莺的黑喉咙很醒目。这只幼鸟的喉咙和头顶却都是灰色的。我把这只鸟发到了脸书上的一个识鸟群，结果证实了我的猜测。我也慢慢有所成长了。随后，几个鸟友告诉我，能在自家院子里看到这种鸟真幸运。一位经验丰富的鸟友还说，这只黄脸林莺是他的"来福儿"，

8.21.2

WESTERN MEADOWLARK
7.20.21

NEW BIRDS & WILDFIRES

New birds come to the spa during wildfires, and when air quality is bad — they bathe & drink, then fly onward

not often found lower are...

8.16.21
IMMATURE BLACKHEADED GROSBEAK

HERMIT WARBLER
8.21.2

Last year's wildfire guests

FEET WERE SCALY & CRUSTED, AS IF PEELING

9.6.20
WHITE-BREASTED NUTHATCH

BLUE LEGS

8.17.20
HUTTON'S VIREO

意思是这是他生平首次见到这种鸟，要加入他的个人鸟种记录。我的鸟种记录上只有我家后院的鸟。而如今，我得承认我为这些鸟感到十分骄傲。

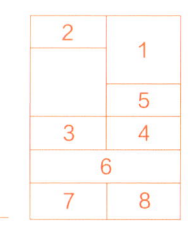

1. 2021年8月21日
   新鸟与野火
   野火肆虐，空气质量变差，常有新鸟来本洗浴中心沐浴、饮水，然后继续上路。

2. 西草地鹨
   2021年7月20日

3. 未成年的黑头斑翅雀
   2021年8月16日

4. 黄脸林莺
   2021年8月21日

5. 在低洼地带很少见

6. 去年野火带来的访客

7. 2020年9月6日
   白胸鸸
   脚上有鳞屑和疮痂，好像脱皮了

8. 蓝色的腿
   2020年8月17日
   赫氏莺雀

2021年9月26日

今天下午两点半，我听到一声巨大的金属撞击声，赶紧跑到工作室外的门廊上。一只体形较大的库氏鹰幼鹰仰面躺在石板地上，落在金属垃圾桶和一个金属架之间。架子上挂着三个笼式喂食器，都晃个不停。毫无疑问，是这只库氏鹰猛地俯冲下来，想抓走栖杆上的鸣禽。

近在咫尺地看到这只魁伟的鸟，我深受震撼。我轻声对它说："对不起。对不起。对不起。"以前，我只在远处观察过库氏鹰，要么用望远镜，要么把数码相机调到最大焦距。我还在自然日志中画过它们的素描，便于今后辨认，以免把它们和体形较小的纹腹鹰搞混了。在我看来，这只受伤的鹰体形庞大，至少有20英寸长，证明是雌性。近距离观察之下，它不再由各种野外识别特征拼凑而成，它看起来简直宛如神话。背面和头部的羽毛呈深棕色，腹面是柔和的乳白色，胸脯上有水滴纹，眼睛黄澄澄的——所有这些野外识别特征都表明它是只刚会飞的幼鹰。考虑到现在的时节，它可能只有三四个月大，还是个小宝宝。

　　由于年幼缺乏经验，它可能没意识到那些栖杆上的鸟都有保护笼罩着。它可能是想抓哪只放松警惕的鸟，结果撞笼子上了。也可能是绳子缠住了它的翅膀，我最近在喂食器下面挂上了网，用来接掉下来的种子。这些喂食器离两侧的窗户都不过3英尺远，而一只雌性库氏鹰的翼展就可达3英尺。尽管两边的窗户上都贴着防鸟撞的贴纸，但库氏鹰俯冲的速度是出了名的快，很难突然转向。对一只幼鹰来说，这儿可不是捕猎的好地方。

　　它的一双黄眼睛瞪得大大的，嘴巴微张，流露出紧张和痛苦的表情。我靠近时，它没有挣扎着逃跑。这不是个好兆头。但它仍很警觉，一直看着我走近。我帮它翻过身去，双手将它抱在怀里。它是何等强壮又何等脆弱，亦刚亦柔。我仿佛抱着神话中的生物。它很温顺，可能是受了惊吓，我后来才意识到，要不是受了伤，它完全可以将利爪嵌入我的手臂，钩着不放，直到我赶去最近的急诊室，把它的爪子取出来。我想找个合适的盒子安置它。结果每个都不够长，最终我找了一个装狗的宠物软包，还带有网面的窗户。这个软包长18英寸，虽然有点儿小，但还算合用。我小心翼翼地把它放进软包，它却突然从我手中挣脱，向几英尺外的镜面墙飞去。家里两只小狗狂吠着，朝它追去，我用尽全力大喝一声。两只小狗停了下来。幼鹰从空中滑落，飞不起来了。这次，它顺从地让我把它放进了软包。把它放进去后，我迅速用手机拍了一张照片，然后拉上了拉链。

事故发生不到二十分钟，它就已置身"野生救援"了，也就是马林县唯一的野生动物康复中心。我得知它的"手腕"好像脱了臼，对鸟来说，就是翅膀弯曲的那个位置。关节脱位，导致它只能耷拉着翅膀。相比之下，骨折反而还好治些。"野生救援"的工作人员解释说，就算它能够再飞起来，脱臼的关节也可能让它无法自如地控制翅膀追捕老鼠或小鸟。它可能会再次坠落，也可能无法自食其力，饿死在荒野。

初步评估下来，它似乎还存在神经损伤，不知是这次撞伤造成的，还是之前就发生过什么意外，抑或摄入了老鼠药之类的毒素。无论何种原因，都可以解释为什么它的俯冲会失误。而且它体重偏轻，可见并非捕猎好手。它很可能过着忍饥挨饿的日子，行将沦为那种活不到成年的小猛禽，它们夭折的比例高达75%至85%。但愿它仍有望成为那剩余的15%至25%，存活下来，再翱翔二十年。我想象着它坐在我家树上，一天天长大成年，羽毛变成灰色，眼睛变成红色。我想象着我们今后还会有无数次对视。

最新进展：它在"野生救援"接受了两个月的康复治疗，然后被转移到了佩塔卢马的一个康复中心，那里的鸟舍更大，有更多飞行空间。我每周都会收到它的消息。它吃着冷冻老鼠，体重增加了。我们给它起了个绰号叫"暴脾气小姐"，因为它不喜欢和人打交道。康复中心定期给它做测试，判断它的飞行能力是否足以活捉猎物。但愿来日我能亲手在我家后院放飞它。

它总共接受了三个月的精心照料，但仍不能平衡地飞行。收到

库氏鹰（刚会飞的幼鹰）

这份报告后没几天,康复中心的医疗主任给我留了一条语音信息,让我给她回个电话。她语气轻柔,透露着安抚的意味,我已知道不会是什么好消息。为免她为难,我只留了一条语音信息,说我感谢他们所做的一切。我知道,如果暴脾气小姐无法自如飞行捕猎,便只会慢慢饿死荒野。从它的性格来看,也不适合做康复中心儿童项目的形象大使。我理解给它实施安乐死是更人道的选择,我也很感激他们能以尽可能仁慈的方式送它一程。

留下这通留言后,我哭了。我试着为它画像。但我无法捕捉它的神韵,无法描绘出我短暂地把它抱在怀里跟它道歉时它内心的感受。

2021年10月24日

炸弹气旋*登陆湾区，接连引发风暴，还形成了一条大气层河流†，降下一场长达三十分钟的大暴雨。我们这些平日里留着洗澡水冲洗门廊上鸟粪的居民，倒是很乐意被雨水泡一泡。我们的蓄水箱都满了。但我眼看着橡树的粗枝都在风中摇摆不定，不由得想到鸟儿一定在树上任狂风鞭打，被卷入风暴之中。暴雨斜织，它们要去哪里避雨呢？

像是为了回答我一般，两只小鸭飞进了我工作室外有顶的门廊上，抖了抖身上的水，然后相隔几英寸，一起坐在一个喂食器的笼子上。很多人都觉得，小鸭是地球上数一数二可爱的鸟。它们无论是模样还是声音，都很像那种一按就吱吱叫的玩具。我本以为它们会吃几粒油脂丸补充一下体力，然后躲进树叶茂密的地方。但五分钟过去了，它们还在那里。一只浑身湿透的丛鸦也落在了栏杆上，

---

* 和飓风类似的低气压系统，可引发剧烈的降温、降雪、降雨等天气灾害。
† 由悬在空中的水汽形成的"河流"，实际是条狭长的水汽输送带。

Pygmy Port in a Storm

10.24.21

"HOLD STILL! YOU HAVE A LOT OF MITES."

"THE LAST GUST ALMOST BLEW ME AWAY."

Where do birds go in big storms. The bomb cyclone blew so hard that birds in trees were likely getting soaked. A Scrub Jay flew onto the porch, drenched, its feathers black — with no reflection in its blue feathers. Two Pygmy Nuthatches settled on top of the feeder on the office porch. A mated pair? The smaller one scooted next to the other, who groomed the mate of mites and or other pests. They stayed side-by-side for 30 minutes watching the storm.

一脸痛苦地盯着我,它们仍纹丝不动。丛鸦那原本亮丽的蓝羽毛已经湿得黑乎乎的,根本无法再保暖。它头骨的骨架都露了出来。但下一秒,它便冲进凛冽的大雨中,我很担心它会被淋死。

那两只小鸭依旧从容地在廊下避雨。它们也没有钻进喂食器吃东西,只是坐在观雨席上赏雨。体形较小的那只往较大的那只身旁挪了挪。大的那只就开始为小的那只理羽,用喙轻轻翻弄它的羽毛。我猜测这是一对成年的伴侣,因为幼鸟的出飞季早就过去了。整整三十分钟,这两只小鸭紧紧依偎在一起,像坐在门廊秋千上的一对恋人,静静观雨,而我也在观赏它们。

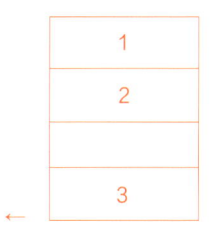

1. 2021年10月24日
小鸭在暴风雨中的避风港

2. 别动!你身上的螨虫可真不少。
刚才那阵风差点没把我吹跑。

3. 如此狂风暴雨,鸟儿能去哪儿呢?炸弹气旋来势汹汹,树上的鸟恐怕都淋成落汤鸡了。一只丛鸦飞到了门廊,浑身羽毛湿得发黑——一点儿看不出原本的亮蓝色。两只小鸭坐在一个喂食器上,就在我工作室外的门廊上。是对夫妇吗?小的那只往另一只身边挪了挪,它开始给伴侣除螨捉虫。它们并肩坐了三十分钟,静看廊外的风暴。

297

2021年11月30日

　　但凡雌性蜂鸟来喂食器饮花蜜，却没有立即被雄性蜂鸟赶走，我就怀疑求偶期又开始了。在人类看来，这段时间雄鸟似是变得更友善了。但"友善"是人的品质，可能不能套用在鸟身上。准确说来，雄鸟可能只是隐忍不发，因为它们想接近雌性，把自己的优质基因传下去。

　　这只雌鸟还停在喂食器上，一只雄鸟跟着飞了过来，头戴鲜红兜帽，脖挂华丽颈饰。它在离雌鸟几英寸远的地方，嗡嗡地围着雌鸟打转。雄鸟在空中转着圈地跳舞，起初，雌鸟既没有流露出接受也没有流露出拒绝的意思。接着，它俩一边相互盘旋着上升，一边发出响亮的咔嗒声，直到雄鸟完成了最后那烟花似的高空独舞。我看不到它究竟飞了多高，但在典型的蜂鸟求偶表演中，雄鸟会飞上50至100英尺的高空，然后在雌鸟面前俯冲而下，最终以一声犹如爆破的哨鸣结束表演，那是空气穿过它们外侧尾羽时发出的声音。可惜，这只雌鸟并不领情。"无聊，我以前看过的表演比这精彩多了。"

要是雄鸟赢得了雌鸟的芳心,交配只需四秒——毕竟它们是以速度取胜的鸟。然后下一秒,这位迷人的花花公子就会飞走,去寻找下一只雌鸟。它不会帮忙筑巢,也不会喂养雌鸟和雏鸟。得知雌鸟一手包揽所有繁殖工作后,我对它们的敬佩之情简直成倍地增长。大多数刻画蜂鸟的艺术照和插画,展现的都是雄鸟。它们的色彩鲜艳,歌声动人,还会表演。而没那么张扬的雌鸟往往备受冷落,除非照片上有雏鸟,否则它们几乎没有露脸的机会。今天,我就要动手给雌性蜂鸟画一张细致入微的肖像。作画时,我会时刻想着为了让那浑蛋父亲的后代存活下来,雌鸟付出的种种辛劳。

1
3 / 2
/ 4
5

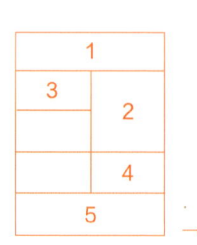

1. 2021年11月30日
   安氏蜂鸟

2. 最早的筑巢期已经开始了吗？有些蜂鸟确实在12月初，乃至更早就开始筑巢了。我在喂食器旁看到了不少求偶活动。一只雌性蜂鸟停在喂食器上，随后飞来了一只雄鸟。雄鸟不仅没有驱赶雌鸟，还嗡嗡地围着它打转。有几次雄鸟飞得离它近极了，雌鸟也没有被吓跑。

3. 雌鸟

4. 雄鸟

5. 最终，雄鸟和雌鸟一起笔直地往上飞，咔嗒声此起彼伏。我猜，横向追逐和垂直升腾之间的差异，一定能表明行为背后存在不同的意图。求偶季开始啦。

ANNA'S HUMMINGBIRDS NOV 30, 2021

Has early nesting begun? Some do start in early December, or earlier. I saw a lot of activity at the feeder. A hummingbird was at the feeder and a male arrived. Instead of chasing it off, it stayed to buzz around. Several times it came quite close and yet the female was not deterred from remaining.

female

MALE

Eventually, the male and female rose up together. There was much clicking. The difference between the horizontal chase and ascension — straight up — must indicate some intent in this behavior. My guess: early courtship

纯色冠山雀（刚会飞的幼鸟）

栗背山雀

白冠带鹀（未成年）

歌带鹀

美洲雕鸮（雌性）

暗眼灯草鹀

暗背金翅雀

暗眼灯草鹀

暗眼灯草鹀（刚会飞的幼鸟）

纯色冠山雀

2022年1月8日

鸟儿每天都会见到我。我是它们的美食赞助人。就算我坐在家里的餐桌旁，看着它们在庭院里进食、沐浴、嬉戏，它们也不惊不惧。就算我静静站在笼式喂食器旁给它们添食，它们也毫不介意。但只要我拿起望远镜，哪怕站得很远或者在屋里，鸟儿也会飞走。等我放下望远镜，一般不出二十秒，它们就会回来。"哦，原来是那个不会飞但会拿食物给我的家伙。"

我把望远镜举在眼前，拍了张自拍，结果发现自己那样子可怕极了。我有一双闪闪发亮的大黑眼，跟鸮似的。

我一直很好奇鸟是如何接纳人类进入它们的世界的。怎样才能减少它们的恐惧和遁逃呢？光是面包虫和油脂可不够。这几年，我总在思考野生鸟类对人类的信任与恐惧。它们怎么能确定这个不会飞的大型生物不会突然肚子饿了，一口把它们吃掉。想让鸟信任我，必须具备哪些因素？持续提供食物。保持距离，等它们主动接近我。静止不动。我的进展很不错，它们现在已经没那么警惕了。

我提醒自己慎用描述人类情感的词汇，比如"信任"。但拟人是个切入口，可以从鸟的角度寻找相似的东西。我会分析人类的情感特征，看能否在鸟类的行为中找到它们。比如那两只并肩坐看暴风雨的小䴙，雄鸟还为雌鸟理羽、清理螨虫，它们之间是怎么回事呢？这是鸟类表达爱意的方式吗？人类就比它们更擅长表达爱意吗？卢愿意把我头皮上的寄生虫拣出来吃掉吗？

Perspective
Prey & Predator
Jan 8, 2022

1-8-22

What I see:
Binoculars,
Birds,,
Floaters

Someday, going to get 10×42

My Stare

What birds see:
Owl eyes
= Death

Whenever I pick up the binoculars and aim them at a bird outside, they fly off. I suppose I look like I am part-owl, but how is it the birds can see thru glass doors.

```
| 1 |   |
|   | 2 |
|   | 3 |
| 4 | 5 |
|   6   |
```
←

1. 猎物的视角与猎人的视角
    2022年1月8日

2. 我的视角：
    望远镜
    鸟
    眼睛里的飞蚊

3. 迟早要买一副 10×42[*] 的

4. 我的凝视

5. 鸟的视角：
    鹗眼=死亡

6. 只要我拿起望远镜，对准室外的鸟，它们一定会飞走。我觉得是因为我那样子看着有点儿像鹗。但鸟是如何透过玻璃门发现我的呢？

---

[*] 望远镜参数，指望远镜能将物体放大10倍，物镜口径为42毫米。——编注

2022年1月14日

第一次读贝恩德·海因里希那本《渡鸦的智慧》(*The Mind of a Raven*)时，我很想和某只乌鸦交个朋友。我想象它会定时飞来，和我进行人鸦交流。它甚至能模仿我说几句人话，给我衔来礼物。然而，来我家院子的乌鸦都是成群结队的。一来就是一大家子，数量从十只到五十只不等，常常不知所谓地像演戏一样激动得尖叫。后来，我就把和鸟交朋友的幻想转移到了另一种鸦科鸟——丛鸦身上，它们是我在院子里认出的第一批鸟。它们倒是一般都只身来我院子里，大声地叫上几嗓子，结果往往会引来一两只别的丛鸦，倒把先来的那只赶跑了。

自此，我便放弃了与鸟儿交朋友的想法。我喜欢这些鸟的野性，但我和丛鸦的关系比较复杂。它们会像炸弹一样轰然落下，吓跑体形较小的鸟，独占喂食器里的食物。我换用辣味油脂后，成功赶走了松鼠。但丛鸦是个更难缠的对手。我买了一个方形的喂食器，四面都是塑料。鸟只要体重超过1盎司，落到喂食器上，喂食口就会自动关闭。丛鸦重约2.8盎司。不过，它们想出了破解之法，会攀住外壳的某个部位，这样就有一两秒几乎是腾空的。这点时间，已足够它们叼走一把种子了。市面上卖的喂食器大都防不住丛鸦或松鼠，我只好自己动手，用搭简易壁架的铁丝网片制作喂食器。我自制的喂食器很好用。小鸟都可以钻进去，丛鸦只能贴在笼子边干看着。

但如今，丛鸦掌握了新技巧，解决了这个问题，证明它们是这一带最聪明的鸟。当时，一场大暴雨连续下了一周，我把喂食器都取下来，放在庭院遮阳伞下的桌子上。不一会儿，我就看到一只丛鸦停在桌子上，把喙伸进笼子里，轻易就叼走了塑料食盆里的食物，那个食盆的位置太靠近角落了。这个问题好解决。我把所有食物换到一个玻璃碗里，然后把碗放在笼子中央。结果丛鸦使劲把喙伸进笼网，将碗推向另一边。然后，它走到另一边，叼住玻璃碗拉向自己，开始悠闲地享用美食。我便在碗下面垫了一张白色硅胶垫防滑。第二天早上，桌子上、石板地上到处是撕碎的硅胶垫，一只空碗贴放在笼子边。我把树枝穿进两侧的笼网里，不让丛鸦把喙伸进去。结果丛鸦把树枝都抽了出来。这可是个新招。我换了更结实的棍子。早上一看，棍子全被扔在了地上，有些还被啄成了两半。我围着碗高高垒起一圈石子，第二天早上，我发现丛鸦把石子都推到一边去了。我索性在笼子四周放上砖块。砖块它们可挪不动。我赢了！

随后，我看到丛鸦像上断头台一样，把整个脑袋挤进笼子里，在玛丽·安托瓦内特*餐馆里自在进食。这个姿势很容易背后受袭。

---

* 玛丽·安托瓦内特是法国路易十六的王后，在大革命中命丧断头台。茨威格曾为她立传，即著名的《断头王后》。

317

大点的嘲鸫也可能从另一侧钻进笼子，迎面攻击它。丛鸦如此不惧危险，真令人佩服。

这些破解之法都是丛鸦里的一位鸟中天才想出来的吗？还是说，它们在我制造的谜题中反复试错，进而掌握了窍门？丛鸦多半在野外就运用相同或相似的技巧解决过一些问题，例如把卡在缝隙里的食物拉出来、扯下树枝上的橡子、推开障碍物。我猜，它们只是将早已掌握的多种技巧结合起来，才解决了眼前的难题。

我要为丛鸦的聪慧和执着点赞。不过，我也挺执着的。我又换了一种更温和的方法：在房子的另一边，远离鸣禽喂食器的地方，专门为丛鸦挂了一个用坚果做壳的油脂大甜筒。它们却从没碰过它。这题太简单了。

1. 破解难题
   2022年1月14日

2. 丛鸦展示了三种破解笼式喂食器的方法。方法一：抽出妨碍它们叼走油脂的树枝。方法二：把喙伸进笼子里，向前推碗。方法三：把整个脑袋挤进笼子里。它们不害怕吗？这样很难迅速把头抽出来。

3. 接二连三地破解难题
   一：抽出穿插在笼网上的树枝
   二：叼住碗拖向自己
   三：整个脑袋挤进笼子里！
   跟上断头台似的

PROBLEM-SOLVING JAN 14, 2022

The Scrub Jays display three methods for breaking into the cage feeder.

#1 Grab the branch that blocks him from reaching the suet. #2 Stick bill in and grab on to bowl and slide it forward. #3 Stick whole head inside. No fear? It cannot extract head quickly.

SEQUENCE OF PROBLEM-SOLVING

#1 REMOVE BRANCH STUCK IN CAGE

GUILLOTINE METHOD

#2 GRAB LIP OF BOWL AND DRAG TOWARD HIM.

#3 STICK WHOLE HEAD IN!

2022年1月21日

卢告诉我，通往花园的步道上死了只松鼠。刚被掏出来的内脏撒了一地，那不幸的小家伙还身首异处，没了脑袋。卢猜测，它可能惊扰了罪魁祸首用餐，没准儿是只红尾鵟，乃至美洲雕鸮。我们只见过两次红尾鵟落在我家树上。这几年来，美洲雕鸮的声音我们倒是听到过十多次，通常是在黄昏时分，或者入夜后发出幽灵似的鬼叫，但还从没在院子里见过它。不过今天下午三点左右，我在给喂食器添食时，又听到了美洲雕鸮的叫声。那声音有别于其他鸮，饱满、稳定、音调单一，"呜-呜，呜，呜"。有些人会把哀鸽轻柔的咕咕声误认成美洲雕鸮的声音。但哀鸽的叫声音调不一。第二个音升高了五度，要是用人类的乐谱表示就类似AEAA。而美洲雕鸮的叫声音调单一，听起来仿佛低了八度：G-GGG。那声音深沉悠远，久久绕梁。美洲雕鸮的声音像萨克斯，而哀鸽像竖笛。

我的自然日志导师，十八岁的菲奥娜·吉洛格利刚巧要和她母亲贝丝去雷耶斯角，说好顺道过来拜访。菲奥娜无疑很想看看那具尸体。她一眼就认出那是只负鼠宝宝，不是松鼠。她靠那条光秃秃的尾巴认出了它。许多人反倒容易因此把这种有袋动物错认成老鼠。接着，我们找到了负鼠的头。我很喜欢负鼠，但我知道猛禽也要进食，尤其是那些正在学习狩猎的小猛禽。负鼠的内脏被翻了个底朝天，脊椎都露出来了——菲奥娜说，这是美洲雕鸮的进食习惯，很典型。我后来读到，美洲雕鸮特别喜欢吃猎物的脑袋，尤其是眼睛和大脑。那只负鼠的这些部位已经被掏空了。

黄昏时分，我正在餐桌旁工作，突然看见越发昏暗的橡树林中飞出一只大鸟来。它掠过阳台，映着逐渐暗淡的天空和海湾的海水，只显出一道模糊的影子。我急忙跑到房间另一头的窗前，看见那只大鸟飞进了前院一棵橡树茂密的树荫中。相互交错的树枝和层层叠叠的树叶将它掩藏了起来。但随后，我在那棵橡树上又看到了一个黑影，栖在一根粗枝的弯曲处。看剪影是只长着耳朵的大鸟，正是美洲雕鸮的轮廓，很典型。几秒钟后，藏在树荫中的雕鸮飞了出来，栖在树枝上的那只紧随其后，两只一起飞到了远处的一棵树上。

对雕鸮来说，此时正是筑巢季，它们可能是一对夫妻。但愿在接下来两个月里，我能听到永远喂不饱的雕鸮宝宝嗷嗷待哺的哭喊。同时，我也必须小心一点儿，不能让我那四磅重的小狗重蹈小负鼠的覆辙。

JAN 21, 2022
5:15 PM

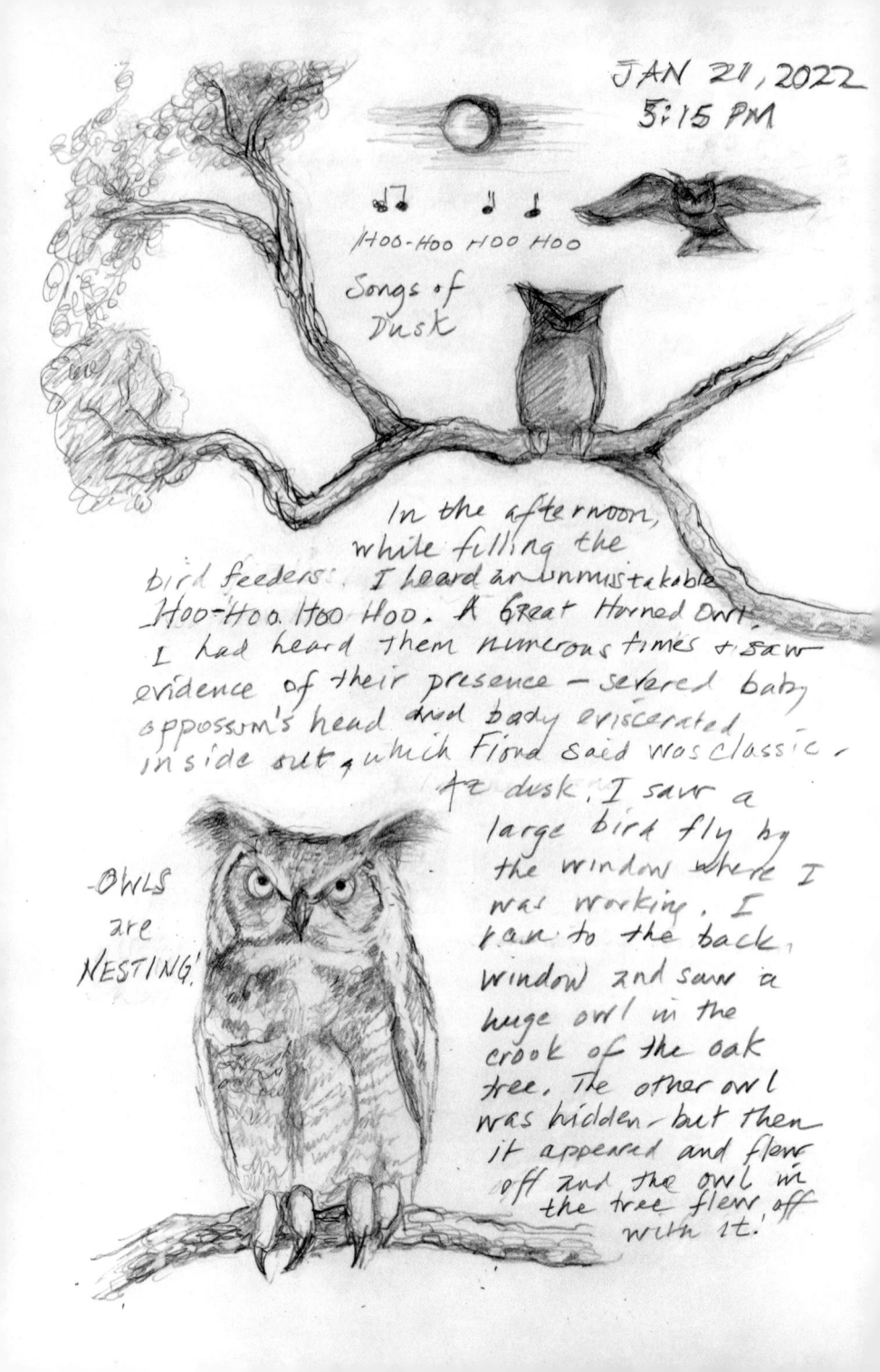

Hoo-Hoo Hoo Hoo

Songs of Dusk

In the afternoon, while filling the bird feeders, I heard an unmistakable Hoo-Hoo Hoo Hoo. A Great Horned Owl. I had heard them numerous times & saw evidence of their presence — severed baby opossum's head and body eviscerated, inside out, which Fiona said was classic.

At dusk, I saw a large bird fly by the window where I was working. I ran to the back window and saw a huge owl in the crook of the oak tree. The other owl was hidden — but then it appeared and flew off and the owl in the tree flew off with it.

-OWLS are NESTING!

```
┌─────┬───┐
│     │ 1 │
├──┬──┴───┤
│  │  2   │
├──┴──────┤
│    3    │
├───┬─────┤
│ 4 │     │
└───┴─────┘
```
←

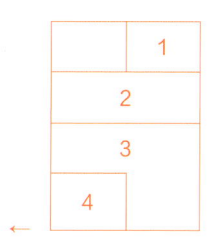

1. 2022年1月21日
   下午五点一刻

2. 呜－呜，呜，呜
   黄昏之歌

3. 下午给喂食器添食时，我听到了一声绝不会认错的叫声，"呜－呜，呜，呜"。是美洲雕鸮。它们的叫声我听过许多次了，也多次看到了它们出没的证据——几只小负鼠的脑袋，还有被掏空内脏的尸身，菲奥娜说这正是美洲雕鸮的进食习惯。黄昏时分，我正在窗前工作，突然看到一只大鸟飞过。我跑到后面的窗户前，看到一只大雕鸮正栖在一根弯曲的橡树枝上。刚才那只雕鸮则藏进了树荫，后来它钻了出来，飞走了。栖在树枝上的那只也随它一起飞走了。

4. 雕鸮在筑巢了！

2022年2月4日

  由于水泵故障,还有多年以来树叶等其他杂物造成的堵塞,我们不得不排空蓄水箱,里面满是雨水和屋顶积水。4500加仑*的水通过一根粗大的排水管,沿着挡土墙奔涌而下。

  许多鸟立刻飞来看稀奇。流水总能吸引它们。孰料一只加州啾鸦跳到了倾斜的挡土墙上,顺着已经成了水滑梯的墙面滑了下去,令我们惊讶不已。滑梯即将到头时,它跳了下来,然后回到墙顶,

---

* 1美制加仑合3.79升。插图中为5500加仑,与此处不符。疑为原书有误。

1. 2022年2月4日
   玩耍的鸟
   排队等候中

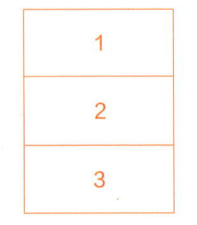

2. 因为水变浑了,我们不得不排空蓄水箱,里面有5500加仑水。排水管将水排到院墙上,形成了一道瀑布。

3. 许多鸟都被吸引了过来,有几只啾鸦还跳进水里,顺着混凝土挡土墙滑了下去。其他啾鸦也开始排队等着玩。水从下面街上的排水口漫了出来,三只金冠带鹀跳进了这座喷泉——好似孩童围着坏掉的消防栓戏水。

FEBRUARY 4, 2022

Playfulness in Birds

waiting for a turn

Because of water contamination, we had to drain the cistern, which holds 5500 gallons of water. A drain pipe funneled the water over the edge of the patio and created a waterfall.

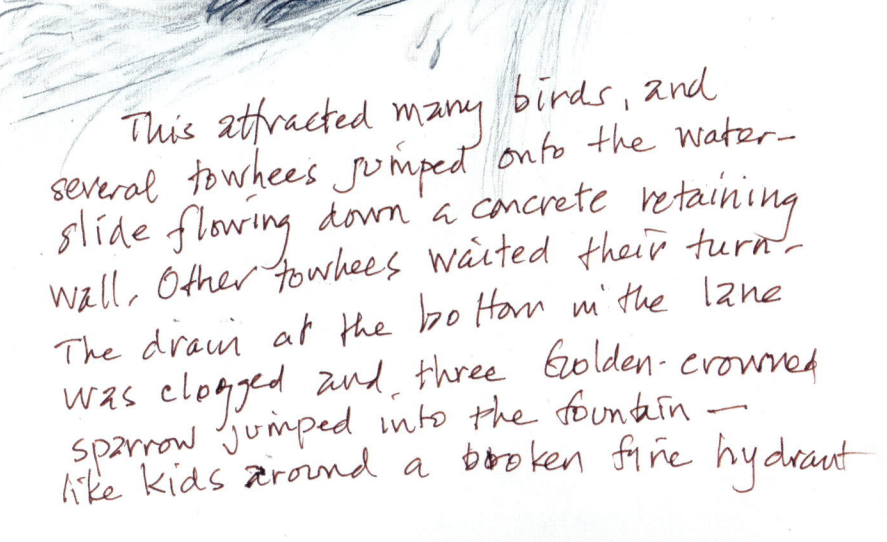

This attracted many birds, and several towhees jumped onto the water-slide flowing down a concrete retaining wall. Other towhees waited their turn. The drain at the bottom in the lane was clogged and three Golden-crowned sparrow jumped into the fountain — like kids around a broken fire hydrant

重复这一过程。实在太惊人了。其他㹴鸦也等着要玩。还有些鸟儿坐在水滑梯旁的灌木丛里,观看这场滑水障碍赛。再往下,街道水沟里的水也淌得正欢,排水口咕嘟咕嘟地冒着水泡。金冠带鹀纷纷跳进水里,拍着翅膀戏水。我不由得想起夏天的时候,城里的孩子在破损的消防栓喷出的水雾中奔跑嬉闹。流水到底有什么魔力,能让鸟儿和孩子如此兴奋呢?我六岁时也感受过那种魔力。炎炎夏日,没有什么比草坪上的洒水器更让人开心的了。那是一种纯粹的玩闹,没有任何目的,只为开心和尖叫。

不知对鸟儿来说,什么是玩耍?看到鸟儿在牧羊钩上荡秋千时,我就在思考这个问题。这种行为似乎没有任何目的,起码我看不出有什么目的——比如,既不是为了觅食,也不是为了挑衅。这种行为主要涉及不稳定、平衡和重复运动。它们荡秋千时,那感觉是不是就像站在随风摇曳的树枝上呢?它们是在展现自己的能力吗?要有其他鸟旁观,这么做才有乐趣吗?那水滑梯呢?自然界中有类似的东西吗?我院子里的鸟可不会游泳,它们不会进入不知深浅的水域。也许那只㹴鸦起初以为那是个很浅的浴池,就跳了上去,结果发现自己滑上水了。也没什么危险。最后只要跳下来就行。也许这些活动只是为了锻炼,让自己变得更强壮、更出众,而这些锻炼恰好也很愉快。人类就会这样做,试看杂技演员,还有冲浪、滑雪、跳伞的人。这些问题又引出了更多问题。这些鸟儿为什么都等着尝试新事物?鸟通常会避开新东西。为什么其他鸟

1

1.加州㹴鸦

却排起队来了呢？第一只唧鹀的成功演示，似乎完全打消了它们的顾虑。

如果鸟类确实会玩耍，那么两栖动物和鱼、蜜蜂和蝴蝶、蜘蛛和蚂蚁呢？系统发育*是否存在一条界线，将玩耍行为局限在鸟类和哺乳动物之间？玩耍的目的是什么？对鸟来说，怎样才算有趣呢？

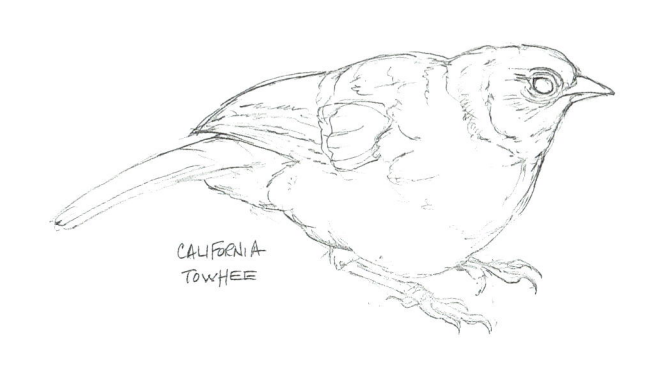

---

* 生物学术语，指一个类群的形成和发展过程。

2022 年 2 月 28 日

　　观鸟会影响开视频会议。有一次，我从椅子上跳起来大喊："紫朱雀！"好在当时参加会议的人都很热爱自然。今天，在 Zoom 上开会时，我关掉了我这边的音频和画面，把望远镜放在桌上，这样我就能随时观察鸟儿的稀奇举动。比如那只在院子里慢慢跳着走的小金冠带鹀，它的步伐很不寻常。我拿起望远镜仔细看。原来它没了左脚和一部分左腿。每当看到生病或受伤的鸟儿，我都会感到切肤之痛。我不由得设想了很多可能害它失去腿的可怕情形——误触捕鼠夹或粘鼠板，卡在两根树枝的夹缝里，遭猫之类的捕食者追杀，被渔线缠住，挂在带刺的铁丝网上扯断了腿，被黑莓丛的荆棘所伤。

　　我在一个面向鸟类爱好者的脸书公共主页上发了帖子，描述了这只鸟的伤。有人向我保证，鸟很快就能适应独腿生存，可以像两条腿的鸟一样长寿，完全没问题。这个乐观的预测是基于道听途说的宠物鸟的故事吗？领地不过一个后院，有十几个喂食器提供充足食物的留鸟呢？要迁徙到阿拉斯加的鸟也是如此吗？有没有人花一年时间追踪研究过独腿的候鸟，看它们能否存活下来？

我很容易操心。那只独腿的金冠带鹀是候鸟。再过一个多月，它就得飞越数千英里返回夏季栖息地了。一路上它都得四处觅食。仅靠一条腿，它有办法刨土找到蠕虫和昆虫吗？攀在树上寻觅浆果和种子时，它会不会不那么利索？捕食效率低下的话，它可能会掉体重，没有足够的能量飞抵家园，最终从天上坠落。我能想象那个画面。

仿佛为了证明我的担忧并非多余，我看到那只金冠带鹀费劲地跳到一只陶土碟上，竭力保持平衡，想低下头来喝口水。结果却摔倒了。它还没有适应。我感觉这只鸟凶多吉少。看羽毛它还是只幼鸟，依据统计数据，它前路堪忧，很可能沦为那70%无法活到成年的鸣禽。夭亡的原因很多，遭猛禽捕食、撞上窗户、遇上猫、被投毒、饥饿致病乃至致残，比如断腿。要是这只鸟能克服飞往北方苔原的归巢本能冲动，留在我的后院就好了。这里吃喝不愁，还有个人会照看它，永远不会想当然地认为它能过得很好。

对鸟来说，每天都性命攸关。

2-28-22

Young GOLDEN-CROWNED SPARROW missing a leg. It will have to migrate in another month or so.

Chances of survival? Is it different with migratory birds?

How do they know?

← fell off

People often say a bird with one leg adapts and does fine. But with mortality of 70% of first year birds, I think any deficits cuts down chances of survival. ~~It~~ It lost its balance on the water bowl. So maybe the injury is recent. What other problems?

	1
2	
	3
5	4
6	

←

1. 2022年2月28日

2. 一只年幼的金冠带鹀缺了条腿，再过一个月左右，它就得开始迁徙了。

3. 它有可能活下来吗？候鸟的情况是否有些不同？

4. 有人说鸟能适应独腿，可以活得很好。但刚出生一年不到的鸟，死亡率高达70%。恐怕任何一点儿残缺，都会降低它们的生存概率。它在水盆上站都站不住。所以是最近才受的伤吗？它还会遇到哪些问题？

5. 他们是怎么知道的？

6. 摔倒

2022年3月19日

　　三年前，我在一棵橡树上钉了一个人工巢箱。贝丝和菲奥娜对我说，这个巢箱的位置非常理想：离地7英尺，走在步道上也看不到，往上不出3英尺还掩映着许多低垂的枝条，那是一株生命力顽强的老倒挂金钟。看起来像树，其实是一种灌木，名叫圆锥倒挂金钟，能长到24英尺高。我家这株长得很高，形状虽不规则，也有20多英尺宽。它的枝条向四方伸出许多纤细的触手，像丛林中的藤蔓，足以拽倒一面篱笆，要是有人不小心走进那低垂的枝蔓中也可能受伤。这两种情况我们都差点碰上，因此一直在认真修剪这株大型灌木。倒挂金钟的粗枝细蔓交错缠绕，更复叶片遮护，也为雏鸟提供了绝佳的藏身之处。

　　筑巢季正值春天，倒挂金钟的枝头挂满了沉甸甸的粉色花穗。入住巢箱的鸟非常幸运，能轻松享有齐全的生活设施。玄关，就是巢箱3英尺开外的树枝，可以让成鸟在飞回育儿室前，先观察一下周围情况。游乐场，就是郁郁葱葱的藤条，今后能为雏鸟遮风挡雨，也是它们在院子里藏身和活动的安全港湾。新鲜食物，就是浆果和饱含花蜜的花朵，它们能引来许多营养丰富的昆虫。此外，鸟儿还能方便地出入社区中心，也就是每天都有许多鸟光顾的那棵橡树，树缝里爬满了易于捕食的毛毛虫、蜘蛛和飞虫。

显然，鸟儿并不觉得这个巢箱有那么大吸引力。三年来，一直没有住客登门。那个空荡荡的箱子仿佛在嘲笑我。我和一个鸟友说，也许我应该把巢箱挂在一根高杆上。鸟儿可能觉得树上有箱子太可疑了。或者，已经有老鼠搬了进去，吃着囤积的鸟食，过着摆脱阴冷潮湿的滋润生活。又或者，那个箱子里面已经长霉了。

我决定检查下那个箱子，看看到底哪里出了问题。结果我一打开箱子，一只纯色冠山雀就飞了出来。"天哪！成了。"我迅速数了数，里面有三颗蛋，然后关上箱子走了。我担心雌鸟不会回来了。它和雄鸟显然都很焦躁。它们不断发出"呲咔-呲咔-呲咔"的咒骂声，然后消失在了倒挂金钟丛中。我看见它们在低矮的树枝间跳来跳去，巡视了前院的所有角落，好像我这个坏蛋就藏在那里似的。我已经回到了屋里，透过前门旁边的窗户观察外面，离巢箱约25英尺远。半个小时后，雌鸟落在了离巢箱最近的树枝上。虚晃两枪后，它终于溜进了巢箱。雄鸟仍留在外面捕食。它在树枝间蹦跶，嘴里叫着"呲咔-呲咔-呲咔"。随后，我看见雄鸟站在树梢，嘴里叼着从橡树上捉来的鲜红的毛毛虫。接着，它唱起了一首悠扬的曲子，比鸟友间流传的冠山雀之歌"彼得！彼得！"更悠长、更顿挫。更令人惊奇的是，巢箱里的雌鸟也回应般地唱起了这首歌，只是唱得更简短。虽然雌鸟也会唱歌,但少有观鸟爱好者听过。这绝对是个值得观鸟人骄傲的时刻。雌鸟的歌声听起来很哀怨——"为了即将出世的孩子,我独自在黑暗中苦挨。"它也可能是在抱怨:"那该死的食物呢?"雄鸟飞到了巢箱口近旁的树枝上。它环顾了一下院子,然后衔着给配偶的食物飞进了巢箱。

我开始计算什么时候能听到雏鸟的叫声,什么时候能看到雏鸟的小脸从巢箱里探出来。菲奥娜·吉洛格利说,如果只有三个蛋,那雌鸟可能还要下蛋,每天下一个。一般来说,要产四个蛋。什么时候下完蛋了,才会开始安排孵化。雌鸟可能还需要一周。然后,我们就可以开始祈祷这些蛋别变成松鼠和其他大鸟的晚餐了。

我很乐观。现在就该去鸟店订购活面包虫了。

1. 2022年3月19日 下午四点半
   纯色冠山雀头一次搬进巢箱!
   (上)雄鸟
   (下)雌鸟
   圆锥倒挂金钟

1	
	2
	3
4	
5	6

2. 妈呀!
   哎呀!抱歉,冠山雀!

3. 我以为箱子是空的,毕竟装了三年了,从没看见有鸟用过这个巢箱。

4. 呲咔!呲咔!呲咔!

5. 我打开箱子后,雌鸟立即飞到雄鸟身边,落在巢穴旁的另一棵树上。

6. 尖锐的警报——刺耳的"呲咔-呲咔-呲咔"
   但雄鸟还唱了歌!花了二十分钟巡查了方圆20英尺内的橡树后,它们返回了巢箱!耶!

MAR 19, 2022
4:30 PM

FIRST TIME

OAK TITMICE

MOVED INTO THE NESTING BOX!

I thought it was empty. In the three years it's been up, no bird has used it.

shrieked alarm - harsh *tsicka*-tsick-tsicka!

Upon opening the box, the female flew to the male in the tree next to the nest.

But male also sang! Spent 20 min inspecting trees within 20 feet perimeter. Returned to nest! YAY!

2022年4月20日

我现在每天都在担心即将发生的事。近一个月以来，金冠带鹀大部分时间都在洗澡。大多数成鸟已经换上了繁殖羽，那些头一次越冬的鸟虽然羽色较暗，但也换上了一套顺滑的羽毛，更符合空气动力学。它们一直在不停地进食。我在一个鸟友群里问过，鸟会不会因为吃太多而发胖。长话短说：不会，它们独特的新陈代谢机制能避免发胖。后来我读到，候鸟确实会长点脂肪，以便顺利完成长途飞行回到家园，但也不会长太多，以免给飞行增加负担。到达目的地时，它们的体重会减轻。这事让我学到必须谨慎核查信息来源。鸟的事，谁能无所不知呢？当然，我就更不可靠了。我常常自行揣测。这就是我喜欢虚构的性情。我会琢磨所有可能、情形、需求和意图。而鸟儿依凭本能和它们自己的日程行事，不管它们当时有何意图，肯定都不会告诉我。

有只换上繁殖羽的金冠带鹀看起来很臃肿，脖子都没了。好似一颗灰色的网球，贴了一张带鹀的脸而已。室外一点儿也不冷，所以它把身子膨胀起来，不是为了保暖。也许它的新陈代谢出了问题，以致出现了病态的肥胖。它这样能一口气飞出20英尺吗？我又仔细看了看它。它看起来不像生病了。谁又能尽晓鸟儿膨胀起来的原因呢？

它们要飞多少天才能到家？我想象着，届时这些金冠带鹀看到肥美的蚊子成群结队遮天蔽日，每株灌木上都挂着枥果般大的幼虫，它们会有多高兴。

尚未换上繁殖羽的年轻金冠带鹀率先启程了。我很好奇，它们能分到怎样的领地，毕竟去年回去繁殖过的鸟已经预先占据了一些地方。处于繁殖期的成鸟继续在我家院子里大吃大喝，沐浴戏水，模样越发光彩照人。它们浓密的黑眉纹愈显威严，黄色的羽冠愈加鲜艳，只是数量一天比一天少。

今天我只看到一只金冠带鹀。它在灌木丛中四处窥探。它会遵循本能，独自飞行数千英里回家吗？还是加入另一群启程比较晚的金冠带鹀？但要是不小心跟其他种类的雀鹀走了，或者迷失了方向，它就可能抵达一个远离北方苔原的陌生之地，甚至落在加拿大卡尔加里或新斯科舍某户人家的后院，成为那里仅有的一只金冠带鹀，被某个幸运的观鸟者发现，成为稀有的迷鸟。

APRIL 20, 2022

FAREWELL TO
GOLDEN-
CROWNED
SPARROWS

Their favorite has gone un-touched

Bathing frenzy is over

The last of the GCSP have departed, and the yard feels quiet, deserted. The water saucers are un-used, except for Spotted Towhee who came by for a bath in three saucers. The Oak titmouse and Bewick's Wren came often to the worm feeder, which they were excited to see contained live mealworms. They came every few minutes.

1
2	3
4

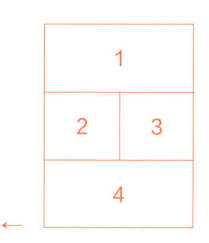

1. 2022年4月20日
   告别金冠带鹀

2. 它们最爱的佳肴都剩着

3. 沐浴狂潮宣告结束

4. 最后一只金冠带鹀也启程了，院子里好安静，没有生气。这么多水盆都闲置了，只有斑啭鸫会顺路来洗个澡，它们只用得了三个水盆。纯色冠山雀和比氏苇鹪鹩倒是频频造访面包虫喂食器，看到里面装着活虫，它们兴奋极了，隔几分钟就要来一次。

2022年4月25日

　　我坐在餐桌边，望见一只小乌鸦在后院的树上捡拾橡子。它用喙叼住一根纤长而柔韧的细枝，上面挂着好几颗橡子，然后开始用力扭扯这根嫩枝。我看见它突然往下一荡，最终倒挂空中，一只脚还抓着那根树枝。它的身体上下弹动着。这是在利用自身体重将橡子从树枝上摇下来，多聪明啊。但我很快意识到，那并不是什么策

1. 2022年4月25日

    笨拙的乌鸦

    被植物缠住

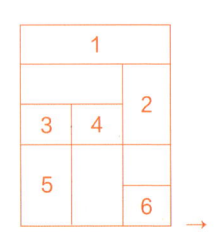

2. 我原以为这只乌鸦在用一种与众不同的方式采集橡子或捉虫。搞不好还是它独创的方法。但结果它是被一束长枝缠住了。

3. 这是北京烤鸭？

4. 谁给树打蜡了？

5. 这只乌鸦脚下磕磕绊绊的，在树枝上踩滑了，然后它检查起了树枝。

6. 乌鸦会表露出尴尬吗？

Vegetation tangle

APRIL 25, 2022

KLUTZY CROW

I thought this crow had found an unusual way to harvest acorns or insects. Maybe it started that way. But it turned out it was tangled in a long clump of twigs.

Roast Peking Duck?

WHO WAXED THE TREE?

Same crow slipped down a branch in a clumsy, hesitant way, then inspected the bark.

Did crow show signs of embarrassment?

略,而是险情。它的脚被那根嗜血的凶枝缠住了,无法脱身。好在不屈不挠也是乌鸦的优点,又摇晃了一阵后,它终于挣脱了那根恶魔般的树枝,没有扯断腿。不知有多少鸟儿就是这样没了腿的。这只乌鸦跳到了一根很陡的树枝上。它脚下一绊滑倒了,猛地振翅扑腾,才勉强没有摔下来。小乌鸦查看了一下脚下的树皮,仿佛它滑倒要全怪这可恶的树枝有毛病,逗得我这个没有同情心的人类哈哈大笑。有次,我在动物园见到一只小猴子在笼子里荡来荡去,结果有根横杆没抓住,摔到了地上。周围人都笑了,而那只猴子竟再次上演了方才的失误——又没抓住那根横杆——仿佛要证明它是故意要摔个屁股蹲儿的。自尊、身体,双重受挫。为遮掩自己笨手笨脚出的洋相而捏造一个虚假的因果关系,小乌鸦有这样的认知能力吗?我真要被它笑死了。

  乌鸦要拥有怎样的认知技能才会感到尴尬?是对自己方才行为的自觉吗?是否只有有观众,才会觉得尴尬?它知道人类的嘲笑是什么意思吗?在这个人头顶上拉屎,就能把尴尬一笔勾销吗?

2022年7月6日

我越发以自己的观鸟经验为荣，恐怕要变得讨人嫌了。几位经验丰富的鸟友告诉我，他们从未见过比氏苇鹪鹩在水里洗澡。这几位鸟友都是每天黎明时分就起床，只为去看昼伏夜出的鸮归巢，听鸫的晨曲合唱。鹪鹩其实很常见，换言之，他们之所以没见过这种行为，是因为鹪鹩不洗澡，至少不下水洗澡。有人说见过这种鸟洗沙浴，也就是俯卧在干燥的泥土中摩擦身体，拍打翅膀。我见过其他鸟这么做，但没见过鹪鹩这样。

据我所知，鸟必须靠洗澡维持羽毛的飞行性能，协助换羽，清除身上的寄生虫、细菌等。所以我才在院子里放了很多陶土碟。鸟儿确实也很爱用这些碟子。

三天前，我从我工作的餐桌上抬起头来，瞥见一只年幼的比氏苇鹪鹩正沿着三尺高的石墙跳行。它可能就是几周前才离巢的那只，我见过它胖得跟颗毛球似的，向母亲乞食。这只幼鸟的羽毛已颇为顺滑，但那种对什么食物都很好奇的样子，还透着明显的稚气。无论是红花籽,还是和种子一样大的金冠带鹀粪便,它都一样感兴趣。它从低矮的石墙上跳下来,落到石板地上,发现了一个直径约1英尺的污水坑。那是我清洗水盆后留在地上的脏水,还没干。小鹪鹩蹦跳过去,喝了起来。妈呀!它显然还需要上一课,好好学学什么不能吃、什么不能喝。接着,这只小比氏苇鹪鹩把整个身子扑进了那混着粪便的脏水里,欢快地溅水嬉戏。它开始洗澡了!它还想把头埋进水里,怎奈水坑太浅。随后,这只鹪鹩钻出水坑,开始抖水。正当我以为我偶然目睹的这件趣事已经收场时,这只小鸟却先飞到了石墙上,又飞到了一个装有清水的陶土碟上。它跳起来,落在碟沿上。它之前也这么做过吗?它看了看水,也许是在估计水的深浅。然后它脚下一滑,掉进了只有1英寸深的水潭里。或许是受了惊,它在浴盆里坐了一会儿,随后开始用力扑腾,把身上的脏水洗干净。我拍下了这历史性的一刻。两分钟后,它跳到了碟子上方的茉莉藤上。它从头到脚地抖了抖身体,还把喙伸到翅膀下面梳理羽毛——结果又往后滑了一下。它的脚趾赶忙抓紧藤蔓,重新在栖木上站稳

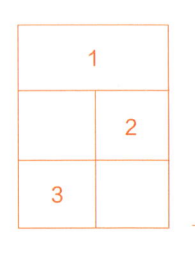

1. **2022年7月6日
比氏苇鹪鹩洗澡!**

2. 我听许多人说,他们从未见过比氏苇鹪鹩洗澡。它们只洗沙浴吗?今天,一只刚会飞的幼鸟想洗澡。它落在陶土碟的边缘,不慎掉了进去。

3. 之前,它还在一个污水坑里戏水。洗完澡后,它落在一根树枝上,开始理羽,却滑倒了三次。

JULY 6, 2022

BEWICK'S WREN BATHING!

I've heard many say they have never seen a Bewick's Wren bathing. Did they do only dust bathing?
Today, a fledge tried to bath. It perched on the terra-cotta saucer then fell in.

Earlier, it splashed in a muddy puddle. It perched on a twig and groomed itself. But it slipped off three times.

了身子。我开始录像,拍下了它继续理羽又再次滑倒的情景。直到第三次滑倒,它终于作罢了。近三天,这只小比氏苇鹪鹩每天至少要来三次。

我不是那种喜欢炫耀的人。所以我耐着性子等了一天,才把这些照片和视频发给我的鸟友。

2022年7月8日

我和往常一样，坐在餐桌旁工作。一抬头，发现一只家朱雀在离我最近的那扇玻璃门前飞来飞去。起初，我以为它把自己的镜像当成了另一只鸟，一个竞争对手。但它没有像大多数鸟一样攻击镜中影像。这是只雌鸟，不是具有强烈领地意识的雄鸟。它不停地来回飞动，边飞还边盯着我看。它落在窗台上的吸盘喂食器上，就是那个状似房子的塑料喂食器。那个喂食器一次只容得下两只鸟。院子里的鸟简直把这两个位置视作米其林三星餐厅晚上八点的座位。它们为这两个位置争个没完，不惜直接跳到对方身上。而且总有鸟在排队，就在栏杆和附近的树上候着。喂食器里的葵花子经常被吃光，现在就空空如也。我也没有去添，因为朱雀会扔很多种子在地上，搞得一片狼藉，引来住在常春藤里的老鼠。

这只雌性家朱雀飞到附近一个装满种子的大喂食器上，坐在我

7-8-22

GENIUS BIRDS vs CLUELESS HUMAN (ME)

A FEMALE HOUSE FINCH FLEW BACK & FORTH IN FRONT OF WINDOW WHERE I SAT. WAS NOT ATTACKING HER REFLECTION. WAS STARING AT ME

FEMALE HOUSE FINCH

TRAGICALLY EMPTY

#1 ACRYLIC SEED FEEDER ATTACHES WITH SUCTION CUPS, HOLDS SUNFLOWER SEEDS.

FULL SEED FEEDER SIX FEET AWAY.

I FILLED WINDOW FEEDER AND HOUSE FINCH WATCHED FROM THE RAIL. SHE THEN ATE FROM THE FEEDER AND NO LONGER DID HER FRANTIC FLYING.

SHE DID NOT EAT SEEDS. JUST SAT ON HOOP NET AND STARES AT ME BEFORE FLYING AGAIN IN FRONT OF WINDOW FEEDER.

用来兜住种子的网里,仍盯着我看。《迷离时空》(*The Twilight Zone*)[*]的主题曲霎时响了起来。一些鬼神之说涌上我的心头。这是哪个故人的灵魂吗?这只鸟又飞回了窗户上那个空荡荡的喂食器,继续疯了似的来回飞。怎么了?难道这只鸟是在示意我,应该给它最爱的喂食器添食了吗?我舀了一勺种子,走出门外。家朱雀立刻飞出了大约6英尺远,落在栏杆上。我把种子倒进去就离开了。这只家朱雀立刻飞到喂食器旁,大吃起来。

我读到过许多讲鸟有多聪明的故事,它们能说话、理解人的语

---

[*] 美国悬疑电视剧,收视率长盛不衰,超越一般的志怪奇谈,剖析人的精神困境。

1. 2022年7月8日
   鸟中天才与人中呆子(我)
   雌性家朱雀

2. 一只雌性家朱雀在我座位前方的窗户外面飞来飞去,也没有攻击自己的反光影像,只是一直盯着我。

3. 空空如也

4. 最热门的亚克力喂食器,吸盘式的,里面装的是葵花子。

5. 6英尺远的一个种子喂食器,里面满满当当。

6. 我给窗户上的喂食器添了食,这只家朱雀就坐在栏杆上看着。随后,它便飞来进食,再也没有疯狂地飞来飞去。

7. 它没吃这些种子,只是坐在网圈上盯着我,然后再次在窗户上的喂食器前飞来飞去。

言、解开谜题、交换礼物、抱怨食物难以下咽、表达感激、展现出记住任务顺序的能力，等等。人类衡量动物智力的标准往往是看它们能否像我们一样说话、理解要求、按照语法结构重新组合词汇。多数研究对象是驯养的鸟，比如鹦鹉，还有乌鸦或渡鸦等鸦科鸟。我可以证明，丛鸦甚至比人还聪明。但我从未读到过写家朱雀有多聪明的文章——当然我也只是有啥读啥，浅尝辄止。不知有没有人设计过一种测试智力的方法，能评估野生家朱雀在某些方面的智力？在鸟的世界里，怎样才算智力超群呢？

现在回想起来，暴发沙门菌感染、结膜炎和禽痘时，我曾三次撤掉喂食器。每次，都有鸟坐在窗台上，盯着我看。说实话，简直像在瞪我。有几只鸟还轻轻用喙敲打窗户。有两只会追着我从一扇窗户飞到另一扇窗户。还有两次，我刚一开门，鸟儿就飞进来了。它们一定知道食物就在屋里。

虽然人们常说鸟非常聪明，但要是认为鸟能做到我家狗狗常做的事，是不是还是牵强了些？我家狗要是想玩飞盘，就会拍拍我的腿，然后朝玩具柜的方向跑去，半道上还会停下来看看我是否理解了，有没有跟在它后面。这只家朱雀的做法不也差不多吗？在我看来，如果一只鸟能有意识地主动与人类互动，就已经相当聪明了。而要是这只鸟还会坚持不懈地传达某个具体的信息，比如要我去给它最爱的喂食器添食，那就是天才了。

2022 年 8 月 31 日

7月中旬,丛鸦的尖叫声不绝于耳。这通常意味着它们正在自家橡树林中围攻某只猛禽。丛鸦非常看重它们对树的所有权。但它们并不在我们的树上筑巢。那些橡树只是它们平时打家劫舍和搜寻橡子的中转站,它们有很多这样的中转站。"野鸟无极"的杰克·格德尼(Jack Gedney)写过这方面的文章。容我粗浅地转述一下:如果每只丛鸦每年要储藏上千颗橡子,那么一百五十年来,它们已经在我们的城镇储藏了数百万颗橡子。多亏了丛鸦,我们的山坡上布满了橡树,这就是明证。所以,没错,若这些橡树按继承权来算,应该属于丛鸦。

我扫视着那棵橡树,发现了几只丛鸦,然后我顺着它们注视的方向,寻找那只惹事的猛禽在哪儿。找到了,一只美洲雕鸮。"我的天。"美洲雕鸮在白日里可难得一见,晚上又神龙见首不见尾。自1月那次后,我就再没见过它们了。而且,当时也只是在黄昏时分隐约看到一只雕鸮匆匆飞过的身影,还有两只雕鸮模糊的轮廓。感谢丛鸦给我发信号。

我又听到了雕鸮的叫声，接着另一只雕鸮也出声回应，后者的调门更高。我用望远镜扫视那棵树，看到了第二只雕鸮。它比第一只大。我读到过，雌性雕鸮的体形比雄性大三分之一左右。它俩是一对吗？两只雕鸮一起飞走了，几秒后，我听到一声刺耳的尖叫，还以为是雕鸮捕食了一只猫——后来我看了一段视频，一只刚会飞的雕鸮尖叫着向父母乞食，这才明白那是什么声音。我查阅了一些资料，筑巢季一结束，成年雄鸮通常就会离开，直到下一个筑巢季才回来。换言之，那只小一点儿的雕鸮并不是和雌鸮成双成对的雄鸮，而更可能是那只大雕鸮的儿子，大雕鸮是它母亲。它有四五个月大。我们称它俩为"阿妈"和"小崽"。

如今，它们已经在我家后院的树上待了一个多月了。今年以前，我很少见到野生雕鸮，现在我每天都能看到两只，从早到晚都能看到。我看着它们打盹、理羽，盯着老鼠出没的常春藤看。我看

1		
		2
4	3	
5		→

1. 2022年8月31日
   丛鸦和乌鸦围攻雕鸮
   大中午的！我要睡觉！

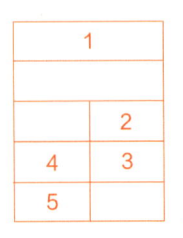

2. 刚会飞的雄性美洲雕鸮每天从早上八点睡到下午六点

3. 当了妈妈的雌鸮

4. 不知我一口下去能干掉几只？

5. 莉莉
   隔壁小姑娘学鸟叫——雄鸮听后飞走了。

AUG 31, 2022

SCRUB JAYS and CROWS mob OWLS

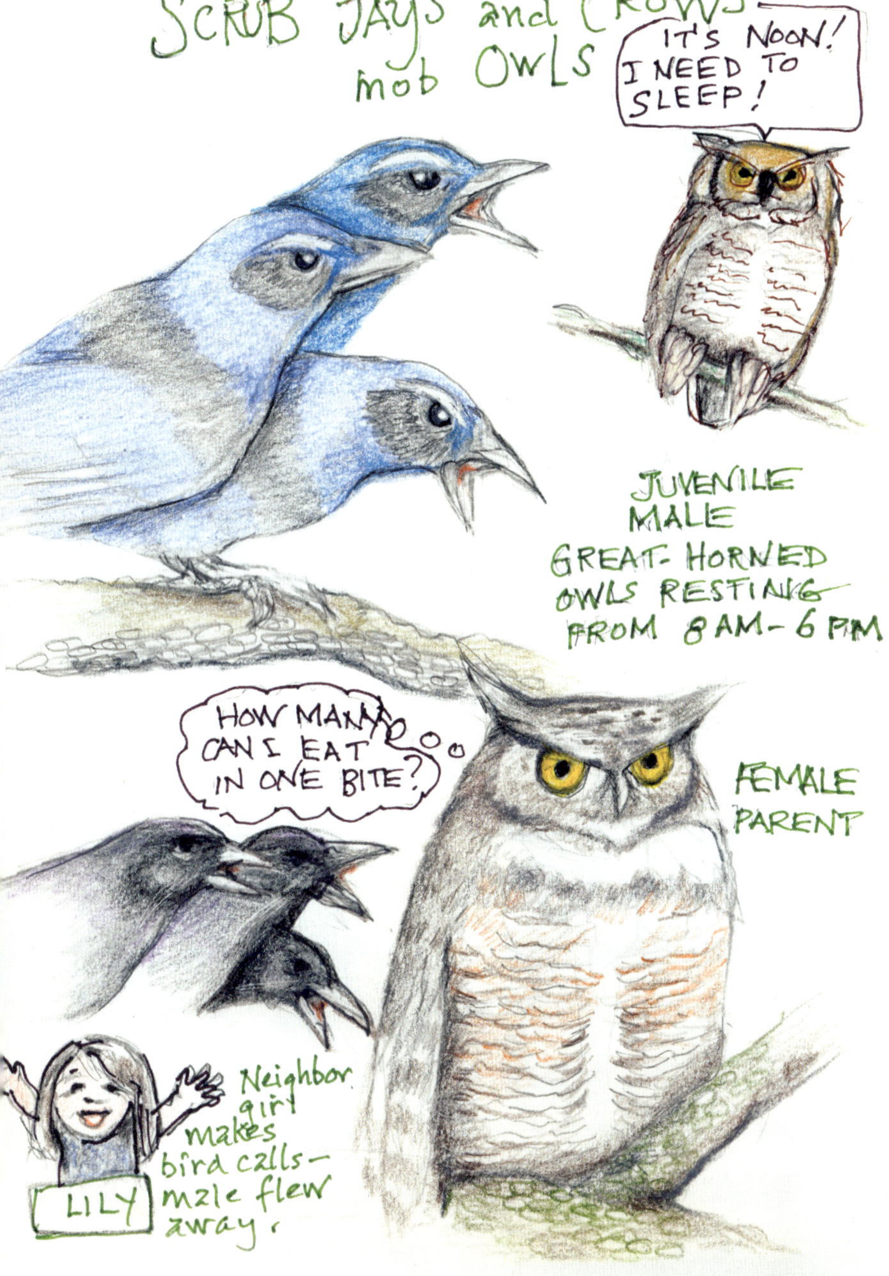

到它们吐出一颗颗食丸，里面是它们吃下去的动物骨头、头骨、羽毛和皮毛，这些都难以消化。老鼠如今也很少光顾我家后院了。即使来了，也是些小老鼠，很可能是孤儿，而且不出几天就不再出现了，我不由得怀疑它们已经成了雕鸮的夜宵。去后院给喂食器添食时，我都尽量轻手轻脚。但有时屋里的狗会透过门缝叫唤。两只雕鸮就会转过头来，瞪着那双巨大的黄眼睛往下看。几秒后，又重新合上眼。

　　生活中的许多事都让我觉得自己非常非常幸运。如今又多了一桩幸事，我的院子里住着一对雕鸮。

美洲雕鸮（雌性）

2022年9月20日

　　两个月来，我们的院子里一直住着两只美洲雕鸮，我每天都有八个小时可以观察它们，收获了一连串惊人的重大科学发现。

1. 美洲雕鸮
2. 休息时的表情
3. 性感的表情
4. 开心的表情
5. 充满母爱的表情
6. 饥饿的表情
7. 准备攻击人的表情
8. ©谭恩美

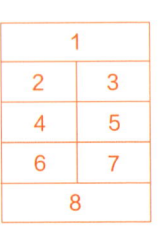

1	
2	3
4	5
6	7
8	

→

Great Horned Owls

Resting Face

Sexy Face

Happy Face

Mother Love Face

Hangry Face

Attack Human Face

© Amy Tan

2022年9月30日

天气很暖和,我们把所有玻璃门都推开了。波波和我家的客人让我注意到了一只鸟,它在三角钢琴旁的窗边扑腾。它掉进了码放在长沙发上的靠垫后面。它在那儿困了多久?它一定很累了,因为我没花什么工夫就徒手抓住了它。我把它兜在手心里仔细端详。它的一双小黑眼睁得大大的,不像撞上窗户的鸟那样双眼无神或者半开半合。喙也紧闭着。鸟儿紧张时往往会张嘴喘气。我和朋友一起走到阳台上。这下我能看清它的脑袋了。这是只未成年的黑头威森莺,只有4.75英寸长——娇小如山雀。我只在我家院子里见过两次这种鸟,都是成鸟,头戴经典的黑帽。要是这只小鸟没有立即飞走,我就会把它放进我的"鸟类急救室"——一个带排气孔的透明生菜保鲜盒,里面塞满了揉皱的纸巾,像鸟巢一样,能撑住受伤的鸟。我会用一块黑色的餐巾盖住盒子,然后放在浴室装了地暖的地板上。这只森莺很警觉。我像蛤蜊一样张开了手。小森莺朝四周看了看。左右两边都是高大的橡树,前面是排竹篱,还有小树苗和灌木丛环绕周围。它猛地冲进了右边的树苗里，选得好，那里是蜂鸟和小鸣禽最爱的地方。

我们把房间的两面大敞着时，鸟儿飞进屋是常有的事。整个房间就像一个开放的亭子。但鸟儿未必会立即飞出去，所以我在房间两面都贴了防撞贴纸，还在面向后院那侧从上到下画满了白色蜘蛛网。自从画了蜘蛛网，再也没有发生过鸟撞。不过要是大开着门，它们还是会飞进来。一旦从室外进入室内，它们就会慌乱无措，到处扑腾。有些鸟一会儿冲上天窗，一会儿又飞向下层窗户，那些飞不出去的鸟最终通常会落在后门附近的窗台上，要么无助地在窗前扑腾，要么停在那儿四处张望。有些鸟很快就能看到出口，一个20英尺宽的出口。受困后需要援助的鸟，几乎都是刚会飞的幼鸟。和青少年一样，它们也似乎对一切充满好奇，容易莽撞。遇上麻烦，更无力自救。

我救过的鸟，之后会不会对我另眼相看？它们会觉得我没那么危险了吗？还是说，在它们的眼里，原本就是我害它们被困住的？

9.30.22

BIRD IN THE HOUSE: WILSON'S WARBLER

Warm day and the bifold doors were pushed all the way to the sides, leaving an opening of 20 feet on one side and 12 feet on another. A bird flew into our aviary. I thought it was a Lesser Goldfinch, a pretty common bird, but when I finally had the bird in my hand, I saw it was the delightful WILSON'S WARBLER!

I GOT STUCK BEHIND PILLOWS

We heard fluttering, but couldn't find the bird for a while. He was exhausted when we saw him behind pillows.

← LETTUCE SAVER

VENTED

ANTI-WINDOW STRIKE DRAWN SPIDER WEBS

AVIAN E.R.

If this had been a window strike, I would have put it in the AVIAN ER & taken it to WILDCARE.

```
┌─────────────┐
│      1      │
├─────────────┤
│      2      │
├─────┬───────┤
│  3  │       │
├─────┤       │
│  4  │       │
├─────┴───────┤
│      5      │
├─────┬───────┤
│  6  │       │
└─────┴───────┘
←
```

1. 2022年9月30日
   飞进屋的鸟：黑头威森莺

2. 天很暖和，我们把折叠玻璃门都推开了，一边敞开了12英尺，另一边敞开了20英尺。有只鸟飞进了我们这个大鸟舍。我还以为是只暗背金翅雀，毕竟这种鸟很常见。但我终于抓住它后，才欣喜地发现是只黑头威森莺！

3. 我掉到靠垫后面了。

4. 起初，我们只听到扑腾声，找了好一阵子也没见到鸟。我们在靠垫后面发现它时，它已经累得精疲力竭。

5. 排气孔
   生菜保鲜盒
   鸟类急救室
   为防止鸟撞画的蜘蛛网

6. 要是它撞上了窗户，我就把它放进鸟类急救室，送去野生动物康复中心。

2022年11月9日

我最近频频在有些雄鸟身上看到了一些异样，我只能说它们好像一下子变礼貌了。它们不再驱赶来进食的雌鸟，容许雌鸟吃食，容许它们靠近，不再追着驱赶或者搞俯冲轰炸。这是在求偶吗？但现在求偶是不是太早了？大多数鸣禽要到3月或4月才开始交配。猛禽和蜂鸟倒可能从1月开始。

其他鸣禽通常什么时候开始求偶呢？是否只在临近交配时节？它们会在深秋配对吗？还是去年那对吗？今天，我在浴室窗台上撒下了半把葵花仁，这是我每天的例行公事。首先飞来的一般是只雄性暗眼灯草鹀。只要来了一只，就有五只紧随其后。如此可爱小巧的鸟攻击起同类来，却出人意料地毫不手软，但凡其他灯草鹀敢在它们忙着果腹时落在窗台上，定会遭到驱逐。它们每隔几秒还要看我一眼。如果我没有动静，它们就继续待在原地。其他造访窗台的鸟基本都比灯草鹀体形大，比如隐夜鸫、金冠带鹀和狐色雀鹀。它们一落在窗台上，灯草鹀就会飞进山茶花丛中。

今天，一只雌性灯草鹀落在了窗台最左边。我能看出这是只雌鸟，因为它的脑袋是灰色的，背部的棕色比雄鸟浅。而且，体形也比雄鸟更小巧、更苗条。不过雄鸟之所以看着更大，可能是为了显得身强体壮，有意膨胀了一点儿。雄鸟朝雌鸟跳了过去。起初，我以为和往常一样，它是去寻衅的。但雌鸟并没有飞走。离雌鸟还有几英寸远时，雄鸟开始鞠躬。它反复做了好几次这个动作，雌鸟就在一旁看着。然后它们双双起飞，转着圈上升，就像雄性蜂鸟追求雌性蜂鸟一样。看到这状似求偶的场面，我非常激动。但筑巢季四五月才开始，它们现在为什么要这么做呢？美国鸟类保护协会主席迈克·帕尔（Mike Parr）告诉我，有时就算没到繁殖季，鸟儿也会在阳光明媚的日子里做出求偶行为。12月近在咫尺，空气中已透露出春天的气息。我猜它们并不会因此提前交配。它们仍要依赖食物丰沛的春天，起码它们的本能是这样的。来"恩美小餐馆"就餐，并非它们的天性。此外，我还很好奇，这只雌鸟怎么知道雄鸟方才接近，不是要驱赶自己？雄鸟发出了什么信号，还是说雄鸟本就是雌鸟的配偶？

我听说雄性灯草鹀是非常负责的父亲。它们会帮忙筑巢，在雌鸟孵蛋时给它喂食，喂养雏鸟，清理粪便，指导幼鸟学习飞行和觅食。灯草鹀夫妇一年到头都形影不离吗？雄鸟鞠躬是不是在告诉伴侣，它们或许该准备找个新地方筑巢了？

我要看看它们之间还有没有其他的求爱行为。雄鸟现在会允许雌鸟和自己一起在窗台上吃种子吗？它会送雌鸟食物吗，就像送钻戒一样？这么一想，我的心都要化了。雄鸟也会以歌寄情吗？

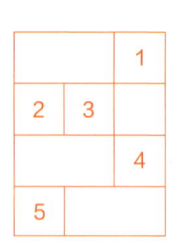

1. 2022年11月9日

2. 你鞠躬做什么？上周你还赶我来着！

3. 曾经，我年少无知。如今，我想与你携手一生！

4. 雄性暗眼灯草鹀提早四个月就在求偶，它是只搞不清时节的未成年鸟吗？

5. 我们院中的灯草鹀一般要到3月或4月才交配，然后就是7月了。这只雄鸟经常待在山茶花丛里，时刻守卫着它的食物，驱赶其他灯草鹀，对雌性也毫不手软。但今天它举止异常。它逐渐靠近雌鸟，雌鸟也没有飞走，雄鸟看着雌鸟鞠了三四个躬。然后双双腾空而起，转着圈翩翩起舞，就像求偶的蜂鸟一样。

11/9/22

"WHY ARE YOU BOWING? LAST WEEK YOU CHASED ME FROM FOOD!"

"I WAS YOUNG AND FOOLISH. I NOW WISH TO BE YOUR MATE FOR LIFE!"

DARK-EYED JUNCO MALE is courting 4 months early. IS HE A CONFUSED IMMATURE?

THE JUNCOS IN OUR YARD USUALLY MATE IN MARCH OR APRIL AND THEN IN JULY. THIS MALE LIVES A LOT OF THE TIME IN THE CAMELLIA BUSH WHERE HE GUARDS FOOD FROM OTHER JUNCOS, INCLUDING FEMALES. BUT TODAY HE WAS ACTING ODDLY. HE APPROACHED THE FEMALE. SHE REMAINED, THEN WATCHED HIM BOW 3-4 TIMES. THEY THEN FLEW UPWARD IN A SPIRAL DANCE SIMILAR TO WHAT COURTING HUMMINGBIRDS DO.

2022年12月2日

　　每天清晨，我和丈夫都会找找小崽在哪儿，就是那只美洲雕鸮。它母亲在10月初抛弃了它，现在它一般睡在两个地方，最常见的那个地点离后院很近，离地大约20英尺高。我们很乐意再多留它一阵，几个月、几年都好。谁知道它会待多久呢。我们用铁丝网把两个门廊围了起来，这样就可以放心地让小狗出去玩了。铁丝网的网眼很大，鸣禽可以飞进来吃喂食器。

　　小崽以前经常幕天席地而憩。自从母亲离开后，它会多少隐藏一下了。它的身体简直能与橡树的树皮融为一体。即使不用望远镜，我也能迅速发现它，纯粹是因为它一般都待在同一根树枝上。要是它换个地方好好藏起来，想发现它，就只能等它睁开那双亮晶晶的黄眼睛，或者转动身体露出脸上和胸前的白羽毛了。我们在院子里，它也不会紧张。我叫它，它偶尔会看我一眼，但通常置若罔闻。它听得出来我的鸣声都是滥竽充数。我不用再蹑手蹑脚地走到院子里给喂食器添食了。哪怕我就站在它的脚下，它也连眼睛都不眨一下——实际上是懒得睁眼瞥我一眼。其他鸟儿也叽叽喳喳地聊个不停。有次,一只松鼠趴在树枝上乘凉,浑然不觉正前方还有一只雕鸮。雕鸮饶有兴趣地打量了它一番,但最终还是决定补觉。来家里玩的小孩都会和这只雕鸮说话。它只看一眼,就转过头去,继续睡。从早晨到黄昏,我们都能看到这样的情景。黄昏时分,它会唱十五分钟的歌,待天色完全暗下来后便飞走。它是唱给谁听的呢?反正不是为了招引伴侣。它最快也要等到明年发育成熟后才会交配。

两天前,凌晨两点四十分,我被一阵汽车的警报声吵醒,那车就隔着车道停在对面。我打开通往后院门廊的门,想看看是谁的车。在持续不断的警报声中,我还听到了两只雕鸮的叫声,先是一只雄性发出低沉的"呜-呜"声,紧接着一只雌性雕鸮立马拔高四度出声回应。它们谈得很热络。有时其中一只还会打断另一只,或者来个同声合唱。这是求偶二重唱吗?夜色太暗,我看不到它们究竟在哪儿,不过这么刺耳的汽车警报声都没遮过它俩的声音,一定是在附近,甚至可能就在门廊旁的大橡树上。去年1月,我在那里见过一对雕鸮,匆匆瞥见了两次。警报声一点儿不影响它们的兴致吗?它们还在兴头上,但我关上了门,只因我快冻僵了。况且,那警报声也真是烦人。我猜就是那两只雕鸮孕育了小崽。待到1月或2月,它们才会再次交配。但我读到过,终身相伴的配偶可能会提早重逢。

我不指望它们在小崽住的那棵树上筑巢。退一步讲,它们领地意识太强,也容不下小崽。何况,美洲雕鸮并不会筑巢或使用人工巢箱,它们会直接霸占其他猛禽、鸦科鸟或松鼠的巢穴。我从未在

Dec 2, 2022
1:45 PM

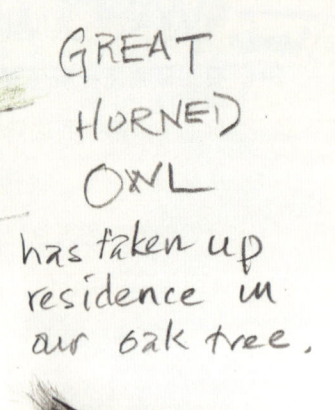

GREAT HORNED OWL has taken up residence in our oak tree.

Remained for four hours sleeping.

Rats have declined in population

On occasion, she woke and looked at me, the dog, and maybe the rat we saw.

我家或附近的树上看到过这些动物的巢穴，也没有听到过小猛禽或鸦科鸟尖声尖气的鸣叫。除了小崽跟着它妈妈飞出去觅食时发出的尖叫，我从未听到过其他幼鸦的叫声，它们嗓门那么大，要是有，我肯定能听到。无论这两只雕鸦在哪里筑巢，我都希望日后阿妈能把幼鸦带回来，带回这个它曾和小崽一起睡觉、一起理羽的地方，它们会时而俯视我、卢、狗狗和邻居家的小孩，而我们无不以敬畏的眼神，凝视它们的黄眸与铁面。

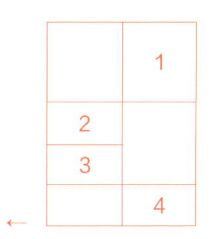

1. 2022年12月2日
   下午一点四十五分
   美洲雕鸦在我们的橡树上安了家。

2. 我们活动时，它们就在树上睡觉

3. 老鼠越来越少

4. 有时，它会醒过来，看着我和狗狗，可能还有我们见过的老鼠。

2022年12月6日

大多数时间我都沉迷于观察院子、阳台和后门廊上那些长翅膀的小家伙在干些什么，顾不上要多抬头看看树上发生了些什么。但自从我开始每天搜寻那只雕鸮后，也在树上看到了一些别的鸟。小䴓成群结队地忙着储藏葵花子。一只旅鸫正在树冠下眺望四方，考虑接下来要飞去哪里。暗眼灯草鹀和黄眉林莺也都在橡树的高枝上蹦蹦跳跳。

今天，我在搜寻雕鸮时，发现了一只加州啄木鸟，正待在雕鸮平时睡觉的地方附近。它头戴尖尖的小红帽，这是雄性加州啄木鸟特有的头饰。虽然我偶尔能看到加州啄木鸟钻进笼式喂食器，吃我填在某根树枝节孔里的油脂，但我很少能在树上看到它们。它们攀爬起来速度极快，沿着树枝盘旋而上，那路径像是拐杖糖上的螺纹。然而，今天树上这只加州啄木鸟一动不动，也许是在休息或睡觉。二十分钟后，它的"马达"开始运转了，在不同的树枝上蹿来跳去，引起了一只栗背山雀的注意。山雀跟在它后面，谨慎保持着距离，看着啄木鸟疯狂啄击树枝寻找昆虫。啄木鸟离开后，山雀立刻过去检查啄木鸟都啄出了些什么，多半是想看看还有没有漏网的虫子。这可真是最取巧的觅食方式了。若不是寻找那只雕鸮，我肯定瞧不见这一幕。

六年前，我刚开始观鸟时就知道，喂食器是种人工环境，会让不同种类的鸟齐聚一堂。无论是不同鸟种还是同一鸟种之间，我都见过它们相互争夺领地。然而，在橡树上，鸟儿往往只与同类相伴，各有各的枝头。因此，树上的争斗可能还少一些。要是我经常抬头看的话，或许能看到更多求偶行为，还有相互合作往树缝里藏食的场景。或许还能看到交配，看到那些不吃喂食器的鸟类，看到丛鸦如何摘取橡子，看到鸟儿在哪里筑巢。坏处是长时间抬头脖子疼。

1月，我将开始写一本新日志。我要多记录些树上的见闻，还有地上的故事，雀鹀和斑鹑都在地上生活与筑巢。我会坐在室外一把低矮的椅子上，观察地面的动静。我会找到雀鹀和斑鹑生活与筑巢之所，还会找到斑鹑的藏身之处。我得纹丝不动，不发出一丝声响，没有一丁点儿抖动。就这样一动不动地待上一个多小时，冻也被冻僵了。审美、观鸟，受点苦也甘之如饴。

	1
2	
3	4
5	6	→

1. 2022年12月6日

2. 树上见闻

3. 因为总是盯着喂食器，我错过了鸟儿在橡树上的生活。今天我在搜寻那只雕鸮时，在树顶看到了一只旅鸫，这才意识到这一点。
我看到鸟儿成双成对地四处收集食物。

4. 我在树枝上发现了一只加州啄木鸟，离那只雕鸮平时栖身的地方很近。

5. 啄木鸟醒来后，跳到了另一根树枝上，开始啄击。无疑是在搜寻树皮下面的昆虫，它啄出一个洞后，很快就离开了。

6. 一只山雀蹦蹦跳跳地跟在啄木鸟后面，观察它的一举一动。它谨慎地保持着距离，随后立马飞到啄木鸟方才钻洞的地方。想捡漏？

12/6/22

UP IN THE TREES

By looking at the feeders, I miss seeing life in the oak trees. I realized that when I searched for the owl and saw a Robin at the top.

I saw birds cacheing food in pairs.

I spotted a Nuttall's Woodpecker resting on a branch near where the owl usually perches.

When the woodpecker roused, it jumped to a branch and began pecking. No doubt it was seeking insects beneath the bark. It dug in and soon left.

A chickadee went bounding over to see what the woodpecker was doing. It followed behind at a discreet distance, then flew to the place the woodpecker had been drilling. Leftovers?

2022年12月15日

  如果说这六年来我学到了什么的话，那就是：每只鸟都自有其惊喜和出人意表之处。但最特别的是它们在进食时会停下来，望向我，看到我依旧在那儿后，又继续做自己的事。

HERMIT THRUSH

隐夜鸫

橙冠虫森莺

致　谢

这本书在不知不觉间受了许多人的恩惠。我无法一一细数你们给我的生活带来了多少改变。

感谢我的几位导师：贝恩德·海因里希，他教会了我连续多年在同一地点观察同一事物的意义；约翰·缪尔·劳斯，他教会了我绘画、记日志，以及有意识地对大自然保持好奇；还有菲奥娜·吉洛格利，她让我重新像个孩子一样，在森林沼泽间徜徉与遐想。

感谢以下生物学家和鸟类学家：布鲁斯·比尔勒（Bruce Beehler）、杰克·丹巴彻、哈里·格林（Harry Greene）、露西娅·雅各布斯、大卫·希利斯（David Hillis）和马克·莫菲特（Mark Moffett）。他们从不认为我的问题荒唐可笑，反而想方设法地协助我进一步探索。

感谢我的鸟友：鲍勃·阿特伍德、苏珊娜·巴登霍普（Suzanne Badenhoop）、约翰·贝克（John Baker）、乔纳森·弗兰岑（Jonathan Franzen）、乔·弗曼（Joe Furman）、梅根·加文（Megan Gavin）、

杰克·格德尼、凯西·格维斯（Kathy Gervais）、基思·汉森（Keith Hansen）、迈克·帕尔、西达尔特·丹万特·尚维（Siddharth Dhanvant Shanghvi）、安妮·斯特林菲尔德（Anne Stringfield）和大卫·温普夫海默（David Wimpfheimer）。他们领我走入森林和海滩，教我学鸟鸣，为我指出鸟儿的位置，耐心地等我寻找。

感谢那些促使我关注鸟类生存，加入鸟类保护组织的机构：美国鸟类保护协会、野生救援组织（WildAid）、野生动物关怀组织（WildCare）、波因特布卢科学与保护机构。

感谢自然日志俱乐部和野生奇迹（Wild Wonder）的诸位，他们看了我早期的画作和帖子，给予我鼓励。还要特别感谢贝丝·吉洛格利，她总是带我一起外出观鸟，给我提供了数不清的机会、资源和人脉，助我成长为民间科学家和草根艺术家。

感谢凯莱布·斯塔泽（Caleb Statser），他不辞辛苦攻克技术难题，将我日志中的大量手绘转换成了书中的插图。

感谢马西娅·索尔斯（Marcia Soares）和阿布拉罕·佩雷斯（Abraham Perez）让他们的孩子为我的研究做出了重大贡献：我出远门时，十二岁的乔瓦尼·佩雷斯（Giovanni Perez）每天都会来给喂食器添食，清洗浴盆。他还钻进常春藤里，找到了雕鸮吐出的食丸。还有莉莉亚纳·佩雷斯（Liliane Perez），她负责分拣面包虫，解剖雕鸮的食丸。她让我认识到对一个五岁的孩子来说，自然界的一切是何等神秘而新奇。

感谢我的助手艾伦·穆尔（Ellen Moore），你读了我最早的草稿，英勇地为我穿针引线，将这本书缝合起来。你深知其中的艰辛与奇妙。

感谢克诺夫出版集团的罗布·夏皮罗（Rob Shapiro）、安迪·休斯（Andy Hughes）、丽塔·马德里加尔（Rita Madrigal）、卡桑德拉·帕帕斯（Cassandra Pappas）和珍妮·卡罗（Jenny Carrow），他们对本书的支持与热情，给了我极大的鼓舞。

感谢我的文学经纪人桑迪·迪克斯特拉（Sandy Dijkstra）。我永远感激你让我成了一个作家，无论我做什么——包括现在画鸟，你都支持我、指引我、为我倾尽心血。

感谢我的编辑丹尼尔·哈尔彭，是你温和地推动我，将我的涂鸦和速写变成了这本书。你似乎比我自己更了解我的作品。

感谢我丈夫卢·德马特伊（Lou DeMattei）送我去参加自然日志之旅、上课、寻访各个观鸟点，也从不抱怨冰箱里存放着两万条活面包虫。

感谢我后院的所有鸟。多希望你们知道，我在你们身上都看到了些什么。多希望你们知道，我有多么爱你们。

后院的鸟

以下是截至2022年12月15日,我在后院见过的所有鸟。我手写的笔记里有时写的是鸟种代码,在此一并列出。

鸦

短嘴鸦(American Crow, AMCR)
西丛鸦(California Scrub Jay, CASJ)
渡鸦(Common Raven, CORA)
暗冠蓝鸦(Steller's Jay, STJA)

鸠鸽

斑尾鸽(Band-tailed Pigeon, BTPI)
灰斑鸠(Eurasian Collared-Dove, EUCD)
哀鸽(Mourning Dove, MODO)

燕雀

北美金翅雀（American Goldfinch, AMGO）

家朱雀（House Finch, HOFI）

暗背金翅雀（Lesser Goldfinch, LEGO）

松金翅雀（Pine Siskin, PISI）

紫朱雀（Purple Finch, PUFI）

䴓

小䴓（Pygmy Nuthatch, PYNU）

红胸䴓（Red-breasted Nuthatch, RBNU）

白胸䴓（White-breasted Nuthatch, WBNU）

猛禽

库氏鹰（Cooper's Hawk, COHA）

美洲雕鸮（Great Horned Owl, GHOW）

红尾鵟（Red-tailed Hawk, RTHA）

赤肩鵟（Red-shouldered Hawk, RSHA）

纹腹鹰（Sharp-shinned Hawk, SSHA）

红头美洲鹫（Turkey Vulture, TUVU）

雀鹀

美洲树雀鹀（American Tree Sparrow, ATSP；加州罕见的迷鸟）

加州唧鹀（California Towhee, CALT）

暗眼灯草鹀（Dark-eyed Junco, DEJU）

狐色雀鹀（Fox Sparrow, FOSP）

金冠带鹀（Golden-crowned Sparrow, GCSP）

歌带鹀（Song Sparrow, SOSP）

斑唧鹀（Spotted Towhee, SPTO）

白冠带鹀（White-crowned Sparrow, WCSP）

白喉带鹀（White-throated Sparrow, WTSP）

鸫

旅鸫（American Robin, AMRO）

隐夜鸫（Hermit Thrush, HETH）

杂色鸫（Varied Thrush, VATH）

西蓝鸲（Western Bluebird, WEBL）

莺

黄脸林莺（Hermit Warbler, HEWA）

橙冠虫森莺（Orange-crowned Warbler, OCWA）

黄眉林莺（Townsend's Warbler, TOWA）

黑头威森莺（Wilson's Warbler, WIWA）

黄腰白喉林莺（Yellow-rumped Warbler, YRWA）

啄木鸟

橡树啄木鸟（Acorn Woodpecker, ACWO）

绒啄木鸟（Downy Woodpecker, DOWO）

长嘴啄木鸟（Hairy Woodpecker, HAWO）

北扑翅䴕（Northern Flicker, NOFL）

加州啄木鸟（Nuttall's Woodpecker, NUWO）

北美黑啄木鸟（Pileated Woodpecker, PIWO）

其他鸣禽

安氏蜂鸟（Anna's Hummingbird, ANHU）

比氏苇鹪鹩（Bewick's Wren, BEWR）

黑头斑翅雀（Black-headed Grosbeak, BFGR）

黑长尾霸鹟（Black Phoebe, BLPH）

美洲旋木雀（Brown Creeper, BRCR）

布氏拟鹂（Bullock's Oriole, BUOR）

长尾山雀（Bushtit, BUSH）

珠颈斑鹑（California Quail, CAQU）

雪松太平鸟（Cedar Waxwing, CEDW）

栗背山雀（Chestnut-backed Chickadee, CBCH）

紫翅椋鸟（European Starling, EUST）

赫氏莺雀（Hutton's Vireo, HUVI）

中北美毛翅燕（Northern Rough-winged Swallow, NRWS）

纯色冠山雀（Oak Titmouse, OATI）
红冠戴菊（Ruby-crowned Kinglet, RCKI）
西草地鹨（Western Meadowlark, WEME）

参考书目

以下是我在创作本书的过程中,读过的一些书籍和用过的一些资源。

珍妮弗·阿克曼

《鸟类的行为》(The Bird Way)
《鸟类的天赋》(The Genius of Birds)

杰克·格德尼

《鸟类的私生活》(The Private Lives of Public Birds)

贝恩德·海因里希

《归巢本能》(The Homing Instinct)
《生命的涅槃》(Life Everlasting)
《渡鸦的智慧》(Mind of the Raven)

《筑巢季》（*The Nesting Season*）

《每日一鸟图鉴》（*One Wild Bird at a Time*）

《缅因森林的一年》（*A Year in the Maine Woods*）

基思·汉森

《雷耶斯角鸟类图鉴》（*Birds of Point Reyes*）

《内华达山脉鸟类图鉴》（*Birds of the Sierra Nevada*）

约翰·缪尔·劳斯

《鸟类绘画的第一堂课》（*Laws Guide to Drawing Birds*）

《劳斯的自然绘画与日志指南》（*Laws Guide to Nature Drawing and Journaling*）

《旧金山湾区鸟类图鉴》（*San Francisco Bay Area Birds*）

《进山访鸟：徒步指南》（*Sierra Birds: A Hiker's Guide*）

免费绘画课程：www.JohnMuirLaws.com

戴维·艾伦·西布利

《西布利观鸟指南》（*Birding Basics*）

《西布利北美洲西部地区观鸟手册》（*Birds West*）

《何以为鸟》（*What It's Like to Be a Bird*）

应用软件

eBird

Merlin

图书在版编目（CIP）数据

后院观鸟 /（美）谭恩美著；李倩译. -- 福州：海峡书局, 2025.8. -- ISBN 978-7-5567-1492-6

Ⅰ.I712.65

中国国家版本馆CIP数据核字第2025LZ5077号

THE BACKYARD BIRD CHRONICLES by Amy Tan
Copyright © 2024 by Amy Tan
Simplified Chinese translation copyright © 2025 by United Sky (Beijing) New Media Co., Ltd.
Published by arrangement with the author through Sandra Dijkstra Literary Agency, Inc. in association with BARDON CHINESE CREATIVE AGENCY LIMITED
ALL RIGHTS RESERVED

著作权合同登记号：图字13-2025-039号

出版人：林前汐
责任编辑：郑 娜　俞晓佳
特约编辑：张雅洁
内文审校：何长欢
装帧设计：汐和 几迟 at compus studio
美术编辑：程 阁

HOUYUAN GUANNIAO
后　院　观　鸟

作　　者：	（美）谭恩美
译　　者：	李倩
出版发行：	海峡书局
地　　址：	福州市白马中路15号
邮　　编：	350004
印　　刷：	北京雅图新世纪印刷科技有限公司
开　　本：	889mm×1194mm　1/32
印　　张：	13
字　　数：	266千字
版　　次：	2025年8月第1版
印　　次：	2025年8月第1次印刷
书　　号：	ISBN 978-7-5567-1492-6
定　　价：	98.00元

关注未读好书

客服咨询

本书若有质量问题，请与本公司图书销售中心联系调换
电话：(010) 52435752

未经许可，不得以任何方式
复制或抄袭本书部分或全部内容
版权所有，侵权必究